Données de catalogage avant publication (Canada)

Parent, Danièle, date-

  Parce qu'à deux, c'est mieux

  ISBN 2-89089-980-2

  1. Relations entre hommes et femmes. 2. Amours. 3. Choix du conjoint. 4. Connaissance de soi. I. Titre.

HQ801.P37 1995   306.73   C95-940189-X

LES ÉDITIONS QUEBECOR
7, chemin Bates
Bureau 100
Outremont (Québec)
H2V 1A6
Tél. : (514) 270-1746

© 1995, Les Éditions Quebecor
Dépôt légal, 1er trimestre 1995

Bibliothèque nationale du Québec
Bibliothèque nationale du Canada
ISBN : 2-89089-980-2

Éditeur : Jacques Simard
Coordonnatrice à la production : Dianne Rioux
Conception de la page couverture : Bernard Langlois
Révision : Jocelyne Cormier
Correction d'épreuves : Francine St-Jean
Infographie : Composition Monika, Québec
Impression : Imprimerie L'Éclaireur

PARCE QU'À DEUX, C'EST MIEUX

DANIÈLE PARENT

À François qui, de près ou de loin, consciemment ou non, n'a cessé de m'encourager tout au long du projet de *Parce qu'à deux, c'est mieux.*

À tous ceux et celles qui, grâce à ce livre, se rencontreront et s'aimeront.

Remerciements

À Lise et à Marie, sans qui il eut été impossible de mener mon projet à terme.

À Brigitte Hénault, psychologue M.P.s, qui m'a fourni un grand nombre de précieux conseils, ainsi qu'à Rita Sylvestre.

Je vous dis merci et c'est bien peu.

Table des matières

Introduction   13

Chapitre 1 Être disponible   17

Chapitre 2 Afficher ses vraies couleurs . . .   25

Chapitre 3 Tourner la page sans amertume   35

Chapitre 4 Vive la différence d'âge!   41

Chapitre 5 La générosité   55

Chapitre 6 Ne pas placer la barre trop haut   63

Chapitre 7 Écouter son cœur
             et non son entourage   75

Chapitre 8 Les compromis   85

Chapitre 9 Prendre le taureau
             par les cornes   93

Chapitre 10 Les pieux mensonges   99

Chapitre 11 Ne pas prendre
             le premier train qui passe
             quand on est seul   107

Chapitre 12 Et le sexe, bordel! 113

Chapitre 13 Les valeurs 123

Chapitre 14 Les petites annonces 133

Chapitre 15 Les cocasseries 141

Chapitre 16 Les beaux témoignages 149

Chapitre 17 Les 10 commandements
de l'auteure. 159

Conclusion 161

Introduction

Le verbe aimer est un des verbes les plus difficiles à conjuguer :
— son passé n'est pas simple ;
— son présent est indicatif ;
— son futur est toujours conditionnel.

Jean Cocteau

C'est tout à fait par hasard qu'un après-midi, il y a quelques années, je me suis retrouvée devant un cinéma de répertoire. On y présentait *Robert et Robert*. Je n'ai jamais pu résister à un vieux Lelouch. À travers les aventures de deux copains qui, timidement, s'inscrivent à une agence de rencontre, j'ai découvert qu'on pouvait s'adresser à des agences professionnelles pour rencontrer quelqu'un.

J'ai été étonnée de constater qu'il existait des agences qui faisaient professionnellement, en somme, ce que moi je fais depuis des années par goût et par amitié. On me connaissait comme la fille qui commençait ses phrases par des «Comment, tu ne connais pas Pierre?» ou «Il faut absolument que tu rencontres Diane.» Dans mon cercle d'amis et dans mon milieu de travail, c'était toujours à moi qu'on demandait: «Connais-tu quelqu'un?» Évidemment, je connaissais tout le monde et c'était toujours avec plaisir que j'organisais des dîners et des sorties pour que, par exemple, Diane rencontre Pierre. Par la suite, les années ont prouvé que mon instinct était bon puisque j'ai gardé tous mes amis.

En 1982, j'ai créé Semper Fidelis, une compagnie de services qui répondait à toutes sortes de besoins. Pour reprendre un slogan connu: «Demandez-moi n'importe quoi... ou presque.»

— Au secours, j'ai oublié l'anniversaire de ma femme.

— J'ai besoin d'une gardienne pour le week-end.

— Ma femme de ménage est partie avec le laitier et je n'ai plus de lait.

— Je cherche une dame de compagnie (de préférence blonde aux yeux verts) pour promener mon chien.

— Pouvez-vous m'organiser un party de bureau?

— Cherche penthouse luxueux avec vue sur le fleuve (évidemment, pas cher).

— Dentiste recherche assistante-hygiéniste.

Mais le plus souvent, on me demandait: Avez-vous quelqu'un à me présenter?

C'était clair. Je devais donc me spécialiser.

Le jour où je me rendis dans les bureaux d'une station radiophonique, j'avais sûrement Vénus en Soleil. Il y avait un poste de recherchiste à combler auprès de l'animateur d'une émission-rencontres. C'était la meilleure façon d'amorcer ma nouvelle carrière et mon expérience allait bien me servir. À la fin de l'entrevue, c'est presque trop beau pour être vrai : on m'offrit de remplacer l'animateur qui avait eu la bonne idée de partir en vacances et de ne pas revenir.

Il y a des défis plus agréables à relever que d'autres. Celui-là était de taille, mais il me convenait parfaitement. J'avais déjà l'expérience du public et de la télévision, mais je n'avais jamais animé une tribune téléphonique à la radio. Le destin venait de me placer derrière un micro et depuis, chaque soir, les confidences de mes auditeurs et de mes auditrices me confirment que j'ai eu raison de relever ce défi.

Quand, lors d'émissions spéciales, je suis en ondes pendant six heures et que les auditeurs ont de la difficulté à me rejoindre parce que tous les circuits sont occupés, on comprend que les gens sont seuls. Les rencontres deviennent de plus en plus difficiles à cause des exigences du travail, du manque de communication (on est pourtant à l'ère de l'autoroute électronique), des contraintes familiales et, surtout, à cause de l'insécurité de l'environnement social.

À travers mon émission, je me rends compte que le problème touche vraiment toutes les classes de la société. Je reçois des appels de fonctionnaires, de professionnels, de mères célibataires, de pères monoparentaux, de chômeurs, de commis de bureau, d'infirmières, de reines du foyer (rarement de rois du foyer), tous entre 18 et 89 ans. Autrement dit, la solitude n'est pas sélective.

Le tête à tête avec mes auditeurs et mes auditrices est merveilleux. Les témoignages d'heureuses rencontres, de fiançailles, de mariages et de naissances que je reçois tous les jours, sous forme d'appels et de courrier, sont stimulants et me motivent à continuer.

Toutefois, le temps d'antenne alloué à chaque personne est trop court. On a à peine le temps de discuter quelques minutes et c'est toujours avec regret que je dois passer à un autre appel. Ce livre me permet donc de m'adresser à un plus grand public et de parler enfin à mes auditeurs et à mes auditrices plus longuement et plus intimement.

J'ai été bien inspirée par *Robert et Robert* puisque, en plus, aujourd'hui, j'ai maintenant mon agence, «Danièle Parent / Rencontres». Je peux ainsi recevoir de façon plus intime tous ceux et celles qui le désirent.

Il n'y a rien comme un bon film de Lelouch!

Chapitre 1

Être disponible

(Il y a quatre ponts qui relient la Rive-Sud à la Rive-Nord.)

De l'audace, de l'audace, encore de l'audace.

Danton

Normand est au bout du fil. Il a rencontré Nicole à mon émission radio il y a deux semaines. Les exigences de Normand n'étaient pas faciles à satisfaire. Il recherchait une femme belle... jeune... grande... blonde... intelligente... articulée... sportive... autonome... Et quoi encore?

— Tu sais, Danièle, la fille que tu m'as présentée la semaine dernière, elle est très bien. On s'est rencontrés trois fois et on a beaucoup de choses en commun. C'est vraiment mon genre de fille.

Je suis très contente. Surtout que c'était la première fois que Normand participait à l'émission.

— Sauf qu'il y a un *gros* problème. Elle habite à Laval et moi, à Longueuil.

— Comment, elle habite au Népal!

— Non, à Laval.

Pas possible, je n'en crois pas mes oreilles. Il y a quand même quatre ponts (en travaux de rénovation constants, soit) qui relient la Rive-Sud à la Rive-Nord.

Normand rencontre enfin une fille «très bien, vraiment son genre». Ils sortent ensemble trois fois et découvrent qu'ils ont les mêmes goûts et qu'ils s'entendent très bien. Inutile de dire que si Nicole a répondu aux exigences de Normand, elle doit valoir la peine qu'on traverse la ville pour aller la rencontrer. Cela aurait pu devenir une belle histoire d'amour. Malheureusement, Normand avait oublié de mentionner, sur sa longue liste, qu'il cherchait une voisine de palier.

*   *   *

Si Normand a manqué le bateau, François, heureusement, n'a pas hésité à prendre le premier train pour la Gaspésie.

7 novembre 1992 — François me téléphone, en ondes, de Vaudreuil. C'est un garçon intelligent, il s'exprime très bien et il me décrit le genre de femme qu'il aimerait rencontrer. Il sait ce qu'il veut. À sa façon de se présenter, je me dis: «En voilà un qui va recevoir de nombreux appels.»

À Chandler, en Gaspésie, Sylvie écoute l'émission. Les propos de François la séduisent immédiatement. Ça ne fait aucun doute, elle correspond tout à fait à la femme qu'il recherche. Sylvie lui téléphone et la conversation se prolonge pendant des heures. Cette semaine-là, ils s'appellent tous les jours. Une complicité s'installe et elle invite François à venir en Gaspésie.

Sylvie habite avec sa fille Guylaine. Celle-ci est en Alberta pour une semaine. Elle participe à un programme d'échange d'étudiants. Sylvie téléphone à Guylaine tous les jours et elle s'empresse de lui raconter sa correspondance téléphonique avec François. Par hasard, à son retour en Gaspésie, Guylaine doit s'arrêter chez des amis, à quelques kilomètres de Vaudreuil. La coïncidence est trop tentante. Sylvie demande à sa fille d'aller faire un brin d'espionnage. Elle téléphone à François et lui dit: «Aimerais-tu rencontrer ma fille?» Il est enchanté.

François a donc rencontré Guylaine avant Sylvie.

Il veut tout savoir. Guylaine, avec patience, répond à toutes ses questions. François la trouve charmante. «Telle mère, telle fille», il espère bien que le proverbe dit vrai. En quittant François, Guylaine lui dit, avec un clin d'œil: «Vous ne serez pas déçu.»

Guylaine rentre à la maison et Sylvie, à son tour, la bombarde de questions. Sa fille n'est pas bavarde. Elle joue les mystérieuses. Elle connaît les goûts de sa mère et sait très bien que François ne fera pas un aller-retour. Elle se contente de lui dire, complice : «Maman, tu ne seras pas déçue.»

12 novembre 1992 — François prend le train de 19 h pour Chandler.

Le train s'ébranle. C'est parti!

François ne peut plus faire demi-tour. Il ne regrette pas sa décision, mais il est nerveux. Il n'arrête pas de bouger. Il ouvre et ferme sa pochette de cuir à la recherche de n'importe quoi. Il vérifie dix fois son billet de train. Il ne cesse de déplacer et de replacer son sac à dos dans le support à bagages. Sa voisine de gauche s'inquiète et pense sérieusement à changer de siège. Des heures de train à côté d'un hyper-nerveux! Mais François a l'air sympathique. Elle lui fait un petit sourire et lui, soulagé, n'attendant que cela, lui raconte toute son histoire. Elle est impressionnée devant sa détermination. Le romantisme n'est pas mort! Partir de Montréal pour aller rencontrer, à l'autre bout de la province, quelqu'un qu'on n'a même jamais vu : elle est émue. Devant son admiration, François se voit comme Lancelot du Lac sur son cheval blanc partant à la rencontre de sa belle. Il n'en demeure pas moins inquiet et, gentiment, elle le rassure.

— La Gaspésie, ça vaut le déplacement. Les Gaspésiennes aussi.

Elle vient de Grande-Rivière.

François essaie de passer le temps du mieux qu'il peut. Il décide d'aller prendre une bière au bar et sympathise avec son voisin de droite. Il reconnaît vite une oreille attentive et, encore une fois, il en profite pour raconter son histoire.

— T'en fais pas, mon vieux. Je suis policier à Québec et je fréquente une infirmière de Matane. On se voit toutes les deux semaines.

— Bon, je ne suis pas le seul fou à bord.

Malgré sa nervosité, François réussit à somnoler un peu. Quand il ne dort pas, il pense à Guylaine et se dit que si la mère est aussi bien que la fille, ces deux jours de train en valent la peine.

Pendant ce temps, à Chandler, Sylvie n'en mène pas large non plus. La veille, avant de se coucher, elle a retourné sa garde-robe dans tous les sens et, après avoir essayé tout ce qui pendait dans son armoire, a finalement opté pour un petit tailleur BCBG. Elle se couche, n'arrive pas à dormir. Elle pense à François. Ils n'ont même pas eu le temps d'échanger de photos. Si Guylaine avait été moins secrète, elle n'en serait pas là, au milieu de la nuit, à imaginer de quoi il a l'air. Elle se rendort et se réveille toutes les heures. À cinq heures du matin, elle se dit qu'il vaut mieux se lever et prendre un café. Merde! il pleut. Ça tombe comme des clous! Le petit tailleur ne convient plus du tout. La parade de mode recommence. De toute façon, le train n'arrive que dans quatre heures et elle habite à dix minutes de la gare.

Le train file. François regarde sa montre. Sa voisine de gauche le taquine et compte les heures à rebours. Il ne reste plus qu'une heure. François est fatigué. Le voyage a été long et il a hâte d'arriver. Il a des papillons dans l'estomac.

Le train rentre enfin à Chandler.

Quatorze heures de route!

C'est le déluge!

On est le vendredi 13!

Par la fenêtre, à travers la pluie, François aperçoit la Cherokee rouge de Sylvie. Horreur! À côté de la Jeep se tient une femme qui n'est absolument pas ce que François avait imaginé et espéré. Il se demande s'il va descendre.

Après une minute de réflexion et 14 heures de train, il est le dernier à sortir.

La gare est déserte. François regarde le train partir. Une fille s'avance vers lui. Ouf! Ce n'est pas la fille qu'il a vue à côté de la Jeep. Celle-ci ressemble à Guylaine. Il affiche un grand sourire.

— C'est toi, François?

— C'est toi, Sylvie?

C'est le coup de foudre.

En rangeant son sac à dos dans le coffre de l'auto, François s'aperçoit que, dans son énervement, il a oublié sa pochette de cuir dans le train. Désolé, il doit demander à Sylvie de conduire jusqu'au prochain village, pour intercepter le train et récupérer son portefeuille. Sylvie pense, soulagée: «Tant mieux, il est aussi nerveux que moi.»

Sylvie et François sont vite complices. Ils s'entendent bien. Ils rient. Ils s'amusent. Ils se comprennent.

Le séjour de François n'aura duré que trois jours, mais la voisine de train avait raison. La Gaspésie, ça vaut le déplacement.... et les Gaspésiennes aussi. Ils se séparent tristement.

Pendant les semaines qui suivent, Bell Canada fait des affaires d'or. Les appels entre Vaudreuil et Chandler se multiplient.

Fin novembre, Sylvie, à son tour, vient visiter François. Ils sont amoureux. Elle revient pour le temps des fêtes et en profite pour postuler dans toutes les institutions bancaires de la région de Vaudreuil, sauf une...

En janvier, François prend ses vacances. Cinq semaines en Gaspésie. Il n'a pas choisi sa saison. Amour, quand tu nous tiens! Cancun sera pour une autre fois.

De retour de vacances, François ouvre le journal local de Vaudreuil. On demande une caissière à la seule banque où Sylvie n'avait pas postulé. Immédiatement, François s'occupe de faire les démarches. Quand Sylvie téléphone de Chandler, la préposée lui demande si elle a l'intention de voyager soir et matin.

— Chez nous, on n'a pas peur des distances, lui répond-elle en riant.

Sylvie obtient une entrevue à Montréal dans la semaine du 7 mars. Elle est tout de suite engagée.

C'est le moment des grandes décisions. Il y a tant de choses à considérer : s'éloigner de sa famille, de ses amis, quitter un bon emploi, résilier un bail, organiser un gros déménagement. Et que pensera Guylaine de tout ça ? Elle demande trois jours de réflexion pour mettre de l'ordre dans ses idées.

Lorsqu'elle retourne à Chandler, François l'accompagne. Il ne sait pas quelle sera sa décision mais, une chose est certaine, si elle décide de déménager à Montréal, il veut être là pour l'aider.

La décision fut vite prise. Le 27 mars, Sylvie quitte la Gaspésie.

Encore aujourd'hui, quand j'organise des soirées-rencontre, Sylvie et François ne manquent jamais l'occasion de venir passer quelques heures avec nous. Ils sont devenus mon couple « porte-bonheur».

* * *

On réussit toujours à se rendre disponible en affaires. On se vante de toujours être disponible pour nos amis. En amour, la disponibilité est aussi importante, sinon plus. Donnons-nous toutes les chances.

Normand a fait une montagne avec une colline. Si, comme lui, vous refusez de faire quelques kilomètres de plus pour revoir quelqu'un qui vous plaît beaucoup, ne vous étonnez pas d'être seul.

François, lui, a mis toutes les chances de son côté. Puisqu'il trouvait Sylvie intéressante, il n'a pas hésité à traverser la province pour aller la rencontrer. Après tout, il risquait de revenir avec la femme de sa vie.

Chapitre **2**

Afficher ses vraies couleurs

(Jacques Cousteau? Connais pas.)

On ne paie jamais trop cher le privilège d'être soi-même.

Blaise Pascal

Partons la mer est belle

Vous rencontrez un jour l'homme de votre vie (encore une fois). Il est aussi beau que son bateau. Il est brun, grand, bronzé. C'est votre capitaine Troy.

Il vous invite à un pique-nique sur le lac Champlain par une belle journée de juillet. Vous ne pouvez refuser une telle invitation bien que vous ayez les plaisirs de la mer en horreur. Vous avez le mal de mer en pédalo et, de plus, vous nagez comme une roche.

Mais le capitaine Troy est irrésistible. Vous flanchez.

Il est tellement charmant qu'il réussit à vous faire oublier les petites nausées qui ne cessent de vous tirailler l'estomac entre deux verres de vin blanc. Pas question d'avoir le mal de mer. Quand le bateau tangue un peu parce que le vent se lève et que vous vous précipitez sur la bouée de sauvetage pour l'étreindre avec passion, il vous suggère, sourire en coin, de desserrer votre étreinte et de vous occuper plutôt de ce vieux loup de mer qui vous ramènera à bon port.

Sécurisée, vous retrouvez la terre ferme, mais vous vous dites, follement amoureuse : « Que diable suis-je venue faire dans cette galère ? »

Qu'à cela ne tienne, vous voilà sur son bateau tous les week-ends, cheveux au vent, grisée par votre nouvelle vie.

Vos amis ne vous reconnaissent plus. Un vrai petit matelot. Pour lui plaire, vous parlez de babord et de tribord, vous vous achetez des espadrilles antidérapantes et, dans votre euphorie, vous êtes presque tentée par le petit béret marin... Le capitaine Troy est enchanté. Il ne tarit pas d'éloges sur son nouvel équipier.

Tout va pour le mieux avec votre nouvelle conquête et vous vous persuadez peu à peu que, au fond, vous avez toujours eu le pied marin.

Arrive l'automne. Tristement, le capitaine Troy remise son bateau et vous partagez presque ses regrets. Tout est au beau fixe avec votre amoureux. Vous troquez la promenade en mer pour la promenade en montagne en pensant : « Comme on est bien sur le plancher des vaches. »

La première neige venue, vous ressortez avec enthousiasme votre équipement de ski. C'est votre sport préféré. Tous les plaisirs de vos week-ends à la montagne vous reviennent en mémoire et, quand vous essayez de partager votre exaltation avec le capitaine Troy, celui-ci montre bien peu d'intérêt et regarde plutôt votre équipement comme un instrument de torture. Gentiment, il a vite fait de vous faire comprendre qu'il a déjà fait plusieurs tentatives et qu'il n'a aucun talent. Il ne fera pas de ski cet hiver.

Arrive l'hiver. Le capitaine Troy est aussi séduisant à 30 au-dessous de zéro et vous en êtes toujours amoureuse. Vous auriez vite fait d'oublier le bateau si ce n'était du fait qu'il n'en finit plus de ressasser de vieilles histoires de mer. Ensemble, vous regardez l'album de photos et les vidéocassettes du bateau et vous vous êtes abonnés à toutes les revues spécialisées. Vous commencez à trouver que, même en hiver, la passion nautique du capitaine prend un peu trop de place dans votre vie. Bref, ça commence à sentir le poisson.

Arrive le printemps. Vous appréhendez le jour où le capitaine Troy parlera de ressortir le bateau. Quand il vous annonce que le moment est venu, il trouve que vous manquez carrément d'enthousiasme. Il ne comprend pas et est très déçu. Vous vous efforcez de le rassurer, mais vous manquez de conviction.

Vous êtes confrontée à la réalité. Avouez que vous n'avez aucun goût ni aucun intérêt pour la navigation. En fait, ce que vous vouliez, c'était la compagnie de Troy et, malgré toutes vos réticences, vous avez accepté son invitation parce que vous aviez envie d'être avec lui. Et, pour mieux le séduire, vous êtes allée jusqu'à vous faire croire que vous aimiez le bateau.

L'été risque d'être long.

* * *

À nos âges, tu le sais bien, on ne se transplante pas facilement.

Nathalie Sarraute

Les arpents verts

Louis-Philippe, 35 ans, est graphiste. Il est, ma foi, assez beau garçon, sûr de lui et célibataire depuis les deux dernières années. Il est né à Montréal et a toujours habité Montréal. C'est un citadin. Il vit au rythme frénétique de la métropole, au 22e étage d'une tour, en plein centre-ville. Le petit espace vert qui entoure l'édifice est juste assez grand pour lui rappeler ses allergies au pollen.

Il supporte bien un week-end à la campagne chez des amis, mais il est toujours heureux, le dimanche, de rentrer et de retrouver les bruits et les lumières de la ville.

Le jour où il rencontre Marie, c'est le coup de foudre. Il tombe en bas de sa tour.

Marie est artiste-peintre. Elle travaille dans une galerie d'art, rue Sherbrooke. Elle habite Saint-Césaire et voyage soir et matin pour se rendre à son travail.

Le coup de foudre est réciproque et une belle relation s'établit. Une nouvelle histoire d'amour commence.

Les affaires de Louis-Philippe sont florissantes. Quant à Marie, elle projette d'acheter une galerie d'art à Saint-Césaire où elle entend favoriser et encourager les artistes de la région.

Un soir, à la fin d'un merveilleux dîner romantique, Marie fait gentiment comprendre à Louis-Philippe qu'elle n'aime pas beaucoup la ville. Elle est née à la campagne et veut y vivre. Si ses projets se concrétisent, elle devra, de toute façon, travailler à Saint-Césaire. En attendant, elle veut bien continuer de dormir chez Louis-Philippe pendant la semaine, c'est plus pratique, mais il est hors de question qu'elle continue de passer les fins de semaine en ville. Elle a besoin de retrouver sa maison et son jardin pour peindre et se ressourcer avant de recommencer une nouvelle semaine de travail. Il peut venir chez elle tous les week-ends, s'il le veut.

Louis-Philippe est déçu, mais il ne dit rien.

Marie multiplie les invitations et Louis-Philippe, qui ne peut plus résister, se retrouve, follement amoureux, tous les vendredis sur l'autoroute des Cantons de l'Est.

Il encourage Marie dans ses nouvelles entreprises et quand, enfin, elle ouvre sa galerie d'art, il invite fièrement tous ses amis à pendre la crémaillère.

Bientôt, Marie est complètement débordée par sa nouvelle galerie. Elle a quitté son travail rue Sherbrooke et Louis-Philippe se retrouve seul toute la semaine.

Il s'ennuie. Marie aussi. Petit à petit, il déménage ses pénates à Saint-Césaire, tout en essayant de se convaincre des bienfaits de la campagne.

— Ses allergies ont disparu (il paraît que ça arrive en vieillissant).

— La qualité de vie est meilleure.

— Les légumes sont moins chers (ira-t-il jusqu'à se faire un jardin?).

— Saint-Césaire n'est pas la campagne, c'est la banlieue.

— Il n'est qu'à une heure de Montréal, ce qui lui permet d'écouter ses vieilles cassettes de Pink Floyd sur l'autoroute.

— L'hiver, c'est moins humide.

— Il pourra enfin acheter le chien dont il rêve depuis des années et dont les voisins n'auraient pas voulu.

Les arguments sont bons. Louis-Philippe entre, plein de bonne volonté, dans sa nouvelle vie. L'adaptation n'est pas trop douleureuse. Les journées au bureau lui semblent toujours trop longues et il est impatient de retrouver Marie, le soir. Cependant, sur le chemin du retour, il ne peut s'empêcher de s'arrêter chez ses anciens fournisseurs:

— les petits croissants de Le Nôtre ;

— son bordeaux préféré à la Maison des Vins ;

— le café de chez Van Houtte ;

— le petit Pont-Lévesque de la fromagerie du marché Atwater (le meilleur en ville).

Dommage que Saint-Césaire ne soit pas à Montréal.

Hélas, Louis-Philippe doit de plus en plus souvent manger seul. La galerie de Marie la tient bien occupée. Le Pont-Lévesque et le bordeaux avaient meilleur goût au 22e étage avec vue sur la ville. Les arbres et le jardin l'ennuient, l'odeur du foin coupé lui rappelle ses allergies et le chant des criquets l'agace.

Il prend donc l'habitude de dîner en ville, le soir, quand Marie est retenue par son travail. Sur l'autoroute du retour, Pink Floyd n'arrive plus à lui faire oublier la monotonie de la route.

Marie, elle, est dans son élément. Elle est amoureuse. Elle est heureuse. Le bonheur lui redonne l'envie de peindre.

Louis-Philippe avait oublié qu'un artiste-peintre, ça peint.

Il arrive mal à combler toutes ces heures de solitude dans un environnement qui n'est pas le sien. Pas de théâtres, pas de cinémas, pas de concerts, pas de petits bistrots où on peut aller rejoindre les amis avant d'aller retrouver la femme qu'on aime. Que des arbres, des champs et de l'air pur pour le distraire.

Louis-Philippe s'ennuie. Il ne peut plus le cacher. Marie ne comprend pas. Elle est déçue. Il y a tant de choses à faire à la campagne. Elle croyait son citadin heureux et s'aperçoit qu'il supporte mal la transplantation.

Louis-Philippe songe à revenir en ville.

* * *

Savoir qui l'on est et ce que l'on veut.

Il ne faut pas prétendre avoir des talents ou des connaissances que l'on n'a pas. Quand, par exemple, on connaît mal un sujet, il est très difficile de poursuivre intelligemment une conversation. L'autre a vite fait de découvrir votre ignorance et vous l'ennuyez avec vos prétentions.

Pourquoi prétendre que vous êtes sportif, cinéphile, végétarien ou mélomane s'il n'en est rien? Dans l'espoir de vous rendre plus intéressant? Pour mieux lui plaire?

Si vous prétendez aimer le hockey alors que ça vous ennuie comme la pluie, vous risquez de vous retrouver au Forum tous les samedis soir.

En n'affichant pas vos vraies couleurs, vous devenez votre pire ennemi. Votre partenaire est souvent déçu, mais que dire de vous qui vous retrouvez dans des situations où vous n'avez pas envie d'être.

Vous aviez le bateau en horreur. Pourquoi ne pas l'avoir dit? Le capitaine Troy, lui, n'a pas hésité à dire qu'il ne ferait pas de ski. Il s'est évité bien des contraintes et pourtant, vous l'avez aimé quand même. Une fois engagé dans une situation de fausseté, il n'est pas facile de reculer et l'on est obligé ou de jouer le jeu jusqu'au bout ou de décevoir l'autre en dévoilant trop tard sa vraie nature.

D'autant plus que si vous aviez dit à votre capitaine que vous n'aimiez pas le bateau mais que vous vouliez bien l'accompagner pour lui faire plaisir, peut-être vous aurait-il rendu la pareille en vous accompagnant quelques fois en ski.

Marie, elle aussi, a affiché ses vraies couleurs. Elle a avoué, dès le début, qu'elle voulait vivre à la campagne. En se taisant, Louis-Philipppe s'est mis dans une situation où il était perdu d'avance. Il a carrément chambardé sa vie en se faisant croire qu'il pouvait être heureux dans un environnement qu'il n'avait jamais pu, avant, supporter plus de deux jours.

S'il avait été honnête avec lui-même et avec Marie, il aurait pu, ainsi que Marie, arriver à une entente, à une solution où chacun aurait trouvé sa part de bien-être.

«Chassez le naturel, il revient au galop», dit-on. Et lorsqu'il revient, votre partenaire se demande ce qui a bien pu vous faire changer de la sorte.

Restez vous-même. N'est-ce pas la façon dont vous voudriez être aimé? C'est épuisant de jouer

33

un rôle, de mettre toutes ses énergies à faire semblant.

Sans compter que, tôt ou tard, vous serez démasqué !

Chapitre **3**

Tourner la page sans amertume

(On n'attire pas les mouches avec du vinaigre.)

La haine occupe... mais ce doit être bien fatigant.

Claudel

Êtes-vous vraiment libre? La question vous surprend?

Quand, à la fin d'une relation amoureuse, vous n'arrivez pas à tourner la page et que vous nourrissez des rancœurs et des rancunes vis-à-vis de votre ex-partenaire, c'est que vous gardez encore des attaches. Donc, vous n'êtes pas libre et certainement pas prêt pour entreprendre une nouvelle relation. Rencontrer quelqu'un dans cet état ne peut mener très loin.

On a tous droit à nos chagrins d'amour, mais la tristesse ne doit pas céder la place à l'amertume.

Jeannine est rancunière. C'est son plus gros défaut. Depuis trois ans, elle vivait avec Robert une relation orageuse. Ils se querellaient tout le temps. Le printemps dernier, ils se sont quittés.

Jeannine supporte très mal la séparation. Heureusement, ses amis sont remplis d'attention. On l'écoute, on la comprend, on l'encourage, on la distrait, pour essayer de lui faire oublier sa peine.

Bientôt, on constate que Jeannine ne fait rien pour s'en sortir. Elle entretient et nourrit son chagrin en l'arrosant tous les matins comme une petite plante. Elle ne veut pas guérir. Sa peine d'amour se transforme en peine d'orgueil.

Ses amis commencent à prendre du recul. La patience a des limites. Qu'est devenue la fille enjouée qu'ils avaient connue ? Elle ne cesse de ressasser de vieux souvenirs et devient de plus en plus amère.

Poussée par son entourage, Jeannine recommence peu à peu à sortir. Elle fait de nouvelles connaissances, rencontre des hommes intéressants mais, après quelques rendez-vous galants, on ne la rappelle jamais. Qui a envie d'entendre parler d'un ex pendant des heures ? Les propos agressifs et rancuniers de Jeannine en font une très mauvaise compagne. On a vite fait de la ramener à la maison.

* * *

Quand Louis est arrivé à mon bureau, il en avait gros sur le cœur. Sa femme était partie avec son meilleur copain. Le coup classique.

Prenant le taureau par les cornes, Louis avait décidé que le meilleur remède était de la remplacer immédiatement. Une de perdue, dix de retrouvées.

Malheureusement, l'état d'esprit de Louis laissait plutôt supposer qu'il serait préférable de ne pas se retrouver parmi les 10 prochaines élues.

Quels efforts j'ai dû faire pour le ramener à de meilleurs sentiments! Il n'était pas question que je lui présente quelqu'un dans ces conditions. Il devait se réconcilier avec la vie et avec les femmes avant de penser à entreprendre une nouvelle relation.

Revenez me voir, Louis. Le temps arrange bien des choses.

*   *   *

Johanne, une jolie rousse aux yeux verts qui ne passe pas inaperçue, s'assoit devant moi. Elle est acheteuse pour une importante maison de vêtements sport et son travail l'amène à voyager partout au Canada et en Europe. Elle est spirituelle, dynamique et pleine d'énergie. Son sourire est contagieux. Cependant, elle est seule.

Il y a un an, elle a vécu une pénible rupture. Depuis, «elle a enterré la hache de guerre».

On se prépare à faire la vidéocassette qui complétera son dossier. Elle se remaquille, brosse ses cheveux, se regarde dix fois dans le miroir. Elle veut mettre toutes les chances de son côté.

37

Enfin, on est prêt.

À ma première question sur les hommes, Johanne répond, candide :

— Les hommes ! Tous pareils ! Tous des menteurs !

C'est mal parti, Johanne.

* * *

Jacques croit avoir tourné la page.

Francine l'a quitté deux ans plus tôt, après 15 ans de mariage. Il s'est retrouvé complètement démuni devant sa nouvelle vie de célibataire et toujours solidement attaché. Quinze ans, ça pèse dans la vie d'une homme de 50 ans.

Après avoir passé par tous les stades de la colère, de la jalousie et de la rancune, il en est arrivé à de meilleurs sentiments. Même s'ils ne vivent plus ensemble, Francine n'en demeure pas moins une femme extraordinaire et il est maintenant heureux d'avoir pu conserver son amitié.

Tout est pour le mieux dans le meilleur des mondes.

Hélas, pas pour Hélène ! Elle a rencontré Jacques par l'entremise de mon émission. Il est charmant, attentif et prévenant. Ils se fréquentent assidûment et Jacques semble prêt à refaire sa vie.

Mais voilà que les choses commencent à se gâter quand Jacques, involontairement, amène le fantôme de Francine dans leur vie de couple. Il ne peut s'empêcher de faire des comparaisons.

— Le gâteau d'Hélène est excellent, mais celui de Francine avait deux étages.

— Le rôti de porc est succulent, mais Francine le prenait dans les côtes pour faire de la graisse de rôti.

— Hélène est une bonne skieuse, mais Francine était monitrice à Saint-Sauveur.

— Est-ce que la cravate verte qu'elle vient de lui offrir lui va bien? Francine disait que le vert n'était pas sa couleur.

Pas facile de gagner le concours, surtout quand on ne laisse pas la chance au coureur.

Les réflexions de Jacques ne sont pas méchantes mais, pour Hélène, elles sont blessantes. Il a envie d'un gâteau à deux étages? Qu'il le dise, simplement. Le spectre de son ex-femme ne servira qu'à faire déglonfler le soufflé.

* * *

André a vécu, lui aussi, une relation qui s'est mal terminée. Dans un couple, il y en a quelquefois un qui aime plus que l'autre. André était de ceux-là.

Son ex était une petite blonde aux yeux bleus. Il insiste donc sur le fait qu'il veut rencontrer une grande brune aux yeux noirs.

39

Je lui présente Catherine. C'est une brune aux yeux noirs, mais elle est petite. Deux sur trois, c'est quand même pas mal. Ils se voient quelques semaines et Catherine est déjà amoureuse. André l'est presque aussi, mais il y a un malaise. Il ne peut se laisser aller à ses sentiments. Malgré toutes ses qualités, Catherine a un défaut de taille. Elle est trop petite et ça lui rappelle son ex. Ça l'indispose.

— Je peux tout faire pour toi, André, sauf grandir.

Eh bien quoi, André? Crois-tu que si elle gagne quelques centimètres en hauteur, tu seras plus heureux?

* * *

Il est presque impossible de tourner la page sans amertume. On commence toujours une nouvelle relation avec de bons et de beaux sentiments. On voudrait idéalement que ça dure toute la vie. Les ruptures sont difficiles à vivre pour tout le monde et, surtout, pour la personne laissée. Le rejet est probablement ce que l'être humain a le plus de difficulté à accepter.

Nourrir des rancunes et de la haine ne mène nulle part. Le mieux est de se reprendre rapidement en main et le plus sage, évidemment, est d'essayer d'en tirer une leçon, une expérience. La rupture ne doit pas être considérée comme un échec personnel; elle est plutôt un accident de parcours dans le cheminement de la vie.

Cessez de regarder en arrière; c'est devant vous que ça se passe.

Chapitre 4

Vive la différence d'âge !

(L'âge n'a d'importance que pour le vin et le fromage.)

Les sentiments viennent dans le cœur sans connaître son âge, ni s'en soucier.

Claire France

C'est la pleine lune et, ces soirs-là, je ne sais jamais à quoi m'attendre. Les auditeurs qui me téléphonent sont souvent mélancoliques, nerveux, cafardeux, fébriles et même quelquefois agressifs. Il y a de l'électricité dans l'air et sur les ondes. Les émissions de soirs de pleine lune sont toujours très éprouvantes pour moi.

21 h. Chantal me téléphone. Quel contraste et quel soulagement, un vrai rayon de soleil, une éclipse de lune au milieu de la soirée. J'en avais bien besoin! Elle est tellement drôle que j'ai de la difficulté à parler dans mon micro. Même mon régisseur se tient les côtes. Je termine la conversation en hoquetant, je n'ai pas ri autant depuis des semaines. Cette fille est bien «lunée» et je parie qu'elle recevra beaucoup d'appels.

41

Je ne me suis pas trompée. La semaine qui suit l'émission, elle reçoit 42 appels dans sa boîte vocale, dont un message de Pierre. C'est de loin le plus intéressant, mais il y a un hic. Il a 62 ans et Chantal, 37. Dommage, mais la différence d'âge la dérange trop. Elle décide quand même de lui retourner son appel, c'est la moindre des choses, tout en remettant cette corvée à plus tard. Ce n'est pas facile de dire à quelqu'un : « Pardon, mais vous êtes trop vieux. »

Dans les jours qui suivent, Pierre laisse cinq autres messages. Décidément, cette fille l'intéresse. Il a été impressionné par sa façon originale de se décrire, son intelligence, ses répliques caustiques et son sens de l'humour. Exactement comme il les aime. Le premier message est assez conventionnel, mais les quatre autres la font rire aux larmes. Il a un humour hors du commun, il l'amuse.

Le vendredi, cédant à une impulsion, Chantal lui retourne ses appels. Pierre la fait tout de suite rire. C'est un séducteur, charmant. Elle accepte donc de le rencontrer pour l'apéro. Il choisit le Ritz. Elle trouve son choix « pépère » ; il y a tellement d'endroits branchés et sympathiques à Montréal mais, évidemment, à 62 ans, à quoi s'attendait-elle ?

Chantal arrive au Ritz, intriguée. Un beau monsieur, grand et mince, qui fait beaucoup plus jeune que son âge, la regarde venir, s'avance vers elle et s'incline galamment avec un charme fou. Il repère un petit coin tranquille et sympathique au fond du bar guindé. À peine assis, ils rient déjà, quelques fois un peu trop fort au goût de leurs voisins discrets dans ce lieu feutré. En le quittant, Chantal accepte volontiers son invitation à dîner pour la semaine suivante.

Prudente, elle ne s'était engagée que pour le cinq à sept et, en allant rejoindre ses copains au Café Cherrier, elle sourit et doit admettre qu'elle a passé un moment bien agréable. Pierre a beaucoup voyagé, par affaires et par plaisir, il n'est jamais à court d'anecdotes et il est un causeur infatigable. Elle n'a pas vu le temps passer.

Comme convenu, la semaine suivante, ils sortent dîner et, cette fois, Chantal choisit l'endroit. Pierre est aussi à l'aise au Petit Extra qu'au Ritz. Chantal ne manque aucun des regards admiratifs que Pierre suscite chez les femmes et lui, bien entendu, fait comme s'il ne s'apercevait de rien. La soirée est délicieuse et le Brouilly, propice au rapprochement et aux petites confidences. Le café arrive trop vite.

Pierre est un sportif. D'ailleurs, il en a le physique. La prochaine fois, ils iront jouer au tennis à son club. Chantal accepte, perplexe. Sans être une championne, elle se débrouille très bien et elle a l'habitude de jouer avec des gars. Pierre s'est peut-être aventuré sur un terrain glissant. Elle connaît assez bien les hommes pour savoir qu'ils ont l'orgueil fragile et elle craint qu'il ne supporte mal de se faire battre par une jeune adversaire. Cependant, l'invitation vient de lui et elle espère qu'il sait ce qu'il fait.

Elle arrive au club avec quelques minutes de retard. Pierre l'attend dans un petit short blanc, polo Lacoste et un reste de bronzage de l'été. Il est très séduisant et il le sait. On passe aux choses sérieuses, le match commence. Dès les premières balles, elle comprend qu'elle a affaire à un adversaire de taille. Il gagne le premier set. Chantal s'encourage en se disant: «Je l'aurai à l'usure, il va vite se fatiguer.» Il gagne le deuxième set. Il ne montre aucun signe de fatigue. Elle gagne le troisième de justesse. Il gagne le quatrième. C'est en vainqueur glorieux qu'il l'invite au bar prendre une limonade bien méritée. Elle se dit qu'elle aurait bien besoin de quelque chose d'un peu plus fort.

Dans les semaines qui suivent, il se voient de plus en plus souvent et, chaque fois, Chantal doit admettre que si la différence d'âge se voit physiquement, elle ne se sent pas du tout. Bien souvent, c'est elle qui n'arrive pas à le suivre.

En février, Pierre propose un voyage à Chantal. D'un commun accord, ils optent pour des vacances de ski. Ils hésitent entre l'Europe et les États-Unis et se décident enfin pour le Colorado. Pierre connaît bien Aspen, mais Chantal n'y est jamais allée. Elle est ravie.

Pierre n'avait pas exagéré en parlant d'Aspen. L'endroit est encore plus impressionnant qu'elle ne l'avait imaginé. C'est un paradis pour skieurs. La température varie entre 10 et 15 degrés, les conditions de neige sont toujours excellentes et Chantal, qui n'avait jamais tant skié, découvre la poudreuse. Quant au «vieux» Pierre, il est aussi habile sur les planches qu'avec une raquette de tennis. Chantal en a pris son parti: Pierre est un sportif accompli, infatigable. En fin de journée, c'est souvent elle qui demande grâce, il lui donne presque des complexes. Le bain à remous réussit à peine à lui redonner des forces. Pierre l'amène dîner et, à la fin du repas, il propose d'aller prendre un digestif dans une discothèque. Elle le regarde comme s'il venait d'une autre planète, à 200 années-lumière de son lit.

Ils passent deux semaines merveilleuses et Chantal voit arriver la fin des vacances avec tristesse : elle ne veut plus le quitter. Sur l'avion du retour, l'agent de bord apporte le champagne et Pierre lui demande de l'épouser.

* * *

Rita, 63 ans, est une auditrice fidèle et reconnaissante car sa fille, Suzie, a rencontré son amoureux (que Rita aime beaucoup) grâce à l'émission. Elle téléphone ce soir dans le seul but de faire un témoignage au nom de sa fille, trop timide pour le faire elle-même. Au même moment, Lucien, 87 ans, écoute l'émission et trouve Rita fort sympathique. Elle raccroche et Lucien est très déçu de constater qu'elle n'a pas de boîte vocale. Elle n'est probablement pas libre et ne téléphonait que pour témoigner du bonheur de sa fille.

Quelque temps plus tard, Rita me téléphone à nouveau en ondes et, cette fois-ci, dans le but bien précis de rencontrer quelqu'un à son tour. Lucien la reconnaît tout de suite et s'empresse de lui laisser un message dans sa boîte vocale. Il est incapable d'avouer qu'il a 87 ans et lui dit qu'il en a 65.

Rita n'a pas à chercher longtemps pour trouver un endroit public ou un terrain neutre. Elle est propriétaire d'une salle de quilles et l'invite à venir la rencontrer à son travail. Elle voit arriver un bel homme, très élégant, portant chapeau. Il ne fait pas du tout son âge et, quand il prétend avoir 65 ans, Rita n'a aucune raison d'en douter.

Ils se fréquentent pendant deux mois et s'entendent bien. Suzie est très contente de voir sa mère amoureuse. Un soir, en jouant aux cartes avec des amis, Lucien dévoile malencontreusement l'année de sa naissance. Les amis n'en croient pas leurs oreilles. Lucien ne peut avoir 87 ans, il en fait à peine 65. Rita, elle, reste bouche bée. Elle le voit tout à coup d'un autre œil.

Bien qu'elle aime encore beaucoup Lucien, Rita ne peut passer outre la différence d'âge. Ces deux-là sont restés de bons amis, mais Lucien a perdu son amoureuse.

* * *

Une de mes bonnes amies est mariée à un homme plus âgé. Elle a 34 ans et lui, la jeune soixantaine. Il doit voyager continuellement par affaires, souvent en Europe.

«Mon mari a une santé de fer, il a de l'énergie à revendre. Je défie n'importe quel jeune d'essayer de le suivre une seule journée, c'est un bourreau de travail. Je suis bien heureuse qu'il insiste toujours pour que je l'accompagne dans ses voyages d'affaires, car autrement je ne le verrais pas souvent. Quand il s'accorde une journée de congé, moi non plus, je n'arrive pas à le suivre, il m'épuise physiquement. Il n'est pas rare que le matin, je l'envoie en éclaireur visiter les alentours. Il repère les bons petits restos, les sites intéressants et, bien entendu, les boutiques, puis il revient me chercher à l'hôtel à 11 h. À cause du décalage horaire, j'ai l'impression de sortir du coma. Lui, frais comme une rose, trois heures de marche derrière lui, ne demande qu'à continuer la journée. Vraiment, jamais je ne sens la différence d'âge. C'est plutôt lui qui pourrait se plaindre de sa "vieille". »

* * *

Lu dans le courrier d'Ann Landers:

Chère Ann,

Est-ce que l'âge fait encore une différence quand on a passé 65 ans? La santé et l'énergie ne sont-elles pas plus importantes? Moi, j'ai 83 ans et je suis en pleine forme. J'ai rencontré un homme de 78 ans et nous nous entendions très bien. Nous sommes sortis cinq ou six fois et j'ai révélé à Joe que j'avais 83 ans. Par la suite, nous sommes sortis encore quelques fois puis il m'a dit: «Je suis désolé, mais tu es trop vieille pour moi.» Je suis en bonne santé, j'ai l'air jeune et quand mes cheveux sont devenus gris, je suis devenue blonde. Je pourrais facilement passer pour 60 ans. Je fais des exercices tous les matins et je suis une excellente danseuse. Mes amis me conseillent de l'oublier, mais ce n'est pas facile: je suis devenue amoureuse de ce vieux coquin même s'il a 78 ans et que je ne suis pas certaine qu'il gagnerait un concours de beauté. — Entichée.

Chère entichée,

Même si vous avez 83 ans et Joe, 78, je crois sincèrement qu'il est trop vieux pour vous. Trouvez-vous un homme plus jeune.

* * *

Marie-France, 42 ans, une belle grande blonde aux yeux verts, est une femme de carrière. Elle est directrice d'un important studio de son à Montréal et vit avec Lyon depuis quatre ans. Ils ont connu des débuts passionnés mais, depuis quelque temps, leur relation prend un mauvais tournant.

Physiquement, ils forment un couple remarquable. Lyon est grand, mince, racé et très séduisant. C'est un homme d'affaires de 48 ans, spécialisé dans l'import-export. Depuis quelques mois, il est toujours parti car il négocie de gros contrats en France et en Angleterre. Marie-France aimerait l'accompagner à l'occasion, mais elle est retenue par ses obligations professionnelles. Évidemment, quand il rentre d'un long voyage d'affaires, pas moyen de le sortir de la maison. Il ne supporte plus les restaurants, ni les cocktails, ni les réceptions. Il devient casanier et trouve que, le soir, son peignoir et ses pantoufles sont beaucoup plus confortables que son smoking. Il considère que toutes ces obligations mondaines reviendront bien assez vite. Il a déjà donné, merci. Marie-France, elle aussi, doit se rendre à toutes sortes de mondanités que le métier exige. Elle s'en passerait bien, surtout qu'elle doit y aller seule.

Lyon lui manque autant quand il est là que lorsqu'il est absent. Elle vit avec un homme qu'elle aime depuis quatre ans, mais elle a l'impression d'être célibataire. Après toutes ces années, elle se rend compte avec nostalgie qu'ils partagent très peu de choses et que leur relation n'a pas évolué comme elle l'aurait souhaité.

Ce week-end, elle est encore seule. Lyon est parti depuis deux semaines. Il avait promis de rentrer vendredi soir mais le téléphone, cet instrument de torture, vient de sonner, il y a une heure, pour lui annoncer qu'il ne rentrerait pas avant mercredi. Encore une fois, tous ses plans de fin de semaine sont à l'eau.

C'est une Marie-France de très mauvaise humeur qui arrive au studio lundi matin. En plus de sa journée de travail déjà bien remplie, elle doit interviewer six techniciens de son pour remplacer celui qui a quitté le studio la semaine dernière, sans préavis, pour aller travailler à Toronto.

Alexandre se présente pour son entrevue à 16 h 30. Marie-France n'est pas de meilleure humeur. Elle a déjà vu quatre autres candidats avant lui et elle a hâte que la journée finisse. Dès qu'il la voit, Alexandre a le souffle coupé ; il en perd presque ses moyens. Il est le plus compétent des cinq candidats en plus d'être un musicien chevronné. Il est charmant, amusant et très sympathique mais aujourd'hui, Marie-France n'a pas le rire facile. Elle est plutôt expéditive. L'entrevue dure une vingtaine de minutes. En partant, Alexandre se dit qu'il n'a jamais vu une aussi belle directrice! Pour le boulot, c'est moins sûr.

Le lendemain, mieux disposée, Marie-France réalise qu'à cause de sa mauvaise humeur, elle n'avait accordé que vingt minutes d'entrevue à Alexandre et qu'elle ne lui avait donné aucune chance. En regardant son curriculum vitae ce matin, elle se rend compte qu'Alexandre est un technicien exceptionnel. Elle lui téléphone et l'engage.

Dès son arrivée, il prend la place qui lui revient. Il a vite fait de prouver sa compétence en réglant des problèmes qui traînaient depuis des semaines. Bientôt, tous les clients se l'arrachent et il devient le technicien vedette du studio. Marie-France est enchantée.

Elle prend l'habitude de déjeuner au bureau avec Alexandre dans la cuisinette du studio. Il la met de bonne humeur pour le reste de la journée. Il a 30 ans et tout le dynamisme et l'énergie de son âge. Difficile de croire qu'il puisse sortir si tard le soir et être aussi frais et dispos le lendemain matin à 8 h 30. Ses virées de la nuit précédente la font rire aux larmes. De plus, il la drague carrément. Ce n'est pas du tout désagréable, surtout quand il lui dit qu'elle n'a rien à envier à Kim Bassinger. Elle est flattée, mais ne le prend pas au sérieux.

Pourtant, Alexandre est on ne peut plus sérieux. Il est amoureux depuis le premier jour.

Par la force des choses, Marie-France se retrouve à passer plus de temps avec Alexandre qu'avec Lyon. Ils déjeunent le midi avec des clients, font de longues heures supplémentaires en studio le soir. Il n'est pas rare qu'ils doivent même travailler ensemble les week-ends. Ravi mais intrigué, Alexandre s'étonne de l'ouverture d'esprit de Lyon. Marie-France lui fait rapidement comprendre que Lyon n'est jamais là, que de toute façon leur relation tire à sa fin et qu'il faudra bientôt prendre des décisions. Cependant, il n'est pas facile de mettre un point final à quatre ans de vie commune. Quant à elle, ce rythme de travail lui convient parfaitement. À la maison, elle s'ennuie et la compagnie d'Alexandre est toujours appréciée. Elle se défend bien, toutefois, d'être attirée par lui.

Marie-France, qui avait l'habitude de se pointer seule aux lancements et aux conférences de presse, se laisse maintenant accompagner par Alexandre, le rusé, qui a vu là un beau prétexte pour être plus souvent avec sa belle. On l'aime, il fait rire tout le monde et, en peu de temps, il est devenu un habitué des cocktails mondains. Pauvre Alexandre! En allant reconduire Marie-France à la maison, il voudrait toujours prolonger la soirée mais elle le quitte, imperturbable, sur le pas de la porte.

Alexandre, tenace, ne se laisse pas décourager pour autant. Dans sa tête, il entend encore sa mère qui lui répétait sans cesse, quand il était petit: «Mon garçon, pas capable est mort, son petit frère s'appelle essaie.» Enfant, cette phrase avait le don de l'énerver mais, aujourd'hui, il a bien l'intention de la mettre en pratique.

Alexandre profite de toutes les occasions pour se montrer charmant et séducteur. Quand il sait que Lyon est à l'extérieur de la ville, il couvre Marie-France de fleurs, à un tel point que l'appartement de sa patronne bien-aimée ressemble à un salon funéraire. Il s'occupe aussi de sa voiture, fait changer les pneus avant les premières neiges, installe la nouvelle chaîne stéréo qu'elle vient de s'offrir, lui apporte dans des plats «Tupperware» la sauce à spaghetti qu'il a fait la veille, car il sait qu'elle déteste cuisiner. À travers tout cela, il continue de lui faire une cour persistante.

Marie-France s'efforce de ne pas faire de comparaisons entre les deux hommes, mais elle doit bien admettre que la vie est beaucoup plus agréable depuis quelque temps. Alexandre met des étoiles dans son cahier.

Il sait maintenant qu'il ne la laisse plus indifférente et il prend de l'assurance. Avec conviction, il se dit: «Je me fous que cette femme ait 42 ans, c'est la femme de ma vie et je l'aurai à l'usure.»

Un matin, elle rentre au studio, un peu bouleversée. Elle a rompu avec Lyon. Le malheur des uns fait le bonheur des autres. Alexandre redouble d'attentions et de gentillesses. Le champ est libre. Il peut donc faire sa cour ouvertement et lui déclarer enfin son amour.

Marie-France est amoureuse aussi, mais toutes les raisons sont bonnes pour ne pas se laisser aller.

— Elle vient de se sortir d'une relation amoureuse.

— La différence d'âge! Qu'est-ce que les gens vont dire?

— Aujourd'hui ça passe, mais qu'arrivera-t-il quand elle aura 55 ans et lui, 43?

— Un jour, il voudra des enfants.

— C'est une peine d'amour assurée, à retardement.

Patiemment, Alexandre détruit tous ses arguments les uns après les autres. Un jour, il lui apporte un dossier de coupures de journaux et de magazines qu'il a amassées sur des femmes célèbres ayant un amant plus jeune qu'elles. Il lui fait remarquer qu'elles ont toutes l'air heureux. Il l'a fait tellement rire. Et puis, il l'entraîne dans un tourbillon, il l'amène au golf, elle qui n'avait pas joué depuis des années, il l'initie au vélo et au «Roller Blade». Elle s'amuse comme une folle.

Après six mois d'entêtement et de ténacité, Alexandre voit ses efforts récompensés. Marie-France ne demande qu'à se laisser convaincre. Quand elle rapplique avec ses craintes parce qu'il a 12 ans de moins qu'elle, Alexandre lui dit, avec son plus beau sourire: «Aux âmes bien nées, la valeur n'attend pas le nombre des années. Je t'aime.»

La vie est trop courte et il faut prendre le bonheur quand il passe.

* * *

Autrefois, lorsqu'il y avait différence d'âge, c'était toujours l'homme qui était le plus âgé. Le phénomène était fréquent et considéré comme normal. Il fallait vraiment que l'écart soit très grand pour qu'on en parle et, même si l'écart était de 25 ans et plus, il y avait une acceptation et une grande tolérance. C'était rarement critiqué et jamais scandaleux. Par ailleurs, on ne voyait jamais une femme épouser un homme de 10 ans son cadet. Ça ne se faisait pas. C'était inacceptable.

Les temps changent. La société évolue. Ce qui autrefois était inacceptable est maintenant toléré. Qu'un homme soit de 10 ans plus âgé que sa compagne, on n'en parle toujours pas, mais pour la femme qui décide aujourd'hui de se permettre la même chose, ça ne passe jamais inaperçu. On peut être certain que cela ne manquera pas d'alimenter les conversations dans les salons.

Saviez-vous que Jackie Kennedy avait 12 ans de moins que le président? Cependant, vous savez que Cher, Liza Minelli et Goldie Hawn ont plus de 10 ans que leur conjoint. C'est en première page de tous les journaux à potins. À bas les tabous!

«Quand une femme est avec un homme plus vieux, c'est nécessairement pour son argent. Quand elle est avec un homme plus jeune, c'est nécessairement pour...» À bas les clichés!

Ce qui compte en amour, c'est l'amour. Et tant pis pour les *«en vieux»*!

Chapitre 5

La générosité

(L'addition, s'il vous plaît!)

> *Il y a beaucoup moins d'ingrats qu'on le croit, car il y a bien moins de généreux qu'on pense.*
>
> C. de Saint-Evremond

Est-ce que le mot générosité vous incite à donner ou est-ce que, spontanément, vous vous demandez: «Combien ça va me coûter?»

On a tous, autour de nous, un oncle, une cousine, un ami ou un voisin radin. Leurs mesquineries sont légendaires et ils finissent par nous faire rire avec tout ce qu'ils peuvent inventer pour économiser un sou. Vu de l'extérieur, c'est amusant, mais pour ceux qui vivent avec eux ou pour ceux qui les fréquentent, c'est moins drôle.

La générosité n'est pas seulement une affaire de sous, elle est un comportement, une attitude. La vraie générosité ne se limite pas à l'argent. Avez-vous remarqué que les gens généreux ne le sont pas seulement avec leur portefeuille, ils le sont également dans leurs paroles, leurs actions et avec leur temps? Les pingres, quant à eux, n'ont pas beaucoup de disponibilité.

Si la plus belle qualité est la franchise, la générosité suit de très près.

Le goujat

Fin octobre, c'est la remise des bulletins à l'école secondaire Saint-Rémi. Les parents convoqués attendent patiemment d'être appelés pour recevoir les bonnes ou les mauvaises notes de leur progéniture, assise sur les chaises en enfilade le long des corridors. Plus souvent qu'autrement, on attend longtemps pour rencontrer les différents enseignants. Après avoir regardé les photos des finissants des années antérieures, les quelques tableaux (copies de grands maîtres), on trouve que les couloirs n'offrent plus rien de bien intéressant. Lucie, la maman de Cédric, n'échappe pas à l'ennui et, pour tuer le temps, fait les cent pas. Elle passe et repasse devant Maurice qui lui fait des petits sourires de sympathie pour lui montrer qu'il partage son impatience et que, si ce n'était pour le bien de leurs chers enfants, ils ne seraient pas là à faire le pied de grue. L'attente se prolonge, l'enseignant n'en finit plus de parler aux parents du petit «X» qui doit avoir de sérieux problèmes de mathématiques. Pour tromper l'ennui, Lucie et Maurice échangent quelques remarques banales et, d'une chose à l'autre, se retrouvent en grande conversation. Ils ne voient pas le temps passer et, presque à regret, Lucie entend son nom : c'est finalement son tour.

Lucie et Maurice se croisent de nouveau dans la grande salle du collège où sont exposés les travaux de bricolage des élèves. Ils reprennent leur conversation de plus belle et, quand Maurice mentionne qu'il doit retourner à la maison à pied (il a laissé la voiture à sa grande fille qui avait un rendez-vous plus important que le sien — évidemment), Lucie lui offre gentiment d'aller le reconduire avec son fils Sébastien. Ils échangent leur numéro de téléphone, ils ont quand même passé une bonne soirée et accompli leur devoir de bons parents. Ils se quittent en riant.

Ils se revoient dans les semaines qui suivent. Maurice adore les randonnées à la campagne. Ils vont régulièrement visiter des amis dans les Cantons de l'Est et, de retour en ville, Lucie a toujours une petite casserole toute prête qu'elle glisse au four pendant que Maurice prépare l'apéro. Il adore dîner chez Lucie. Avec l'arrivée de décembre, ils attendent l'ouverture de la patinoire du lac des Castors et de la piste de ski de fond du mont Royal. Pour ce qui est du cinéma, Maurice n'aime pas se déplacer, mais il est toujours d'accord pour regarder un film sur vidéocassette chez Lucie.

Un peu avant Noël, Lucie reçoit une promotion à son bureau. Cérémonieux, Maurice insiste pour aller fêter l'événement dans un joli petit restaurant de quartier. Repas délicieux, vin émoustillant et soirée très agréable. L'addition arrive et c'est l'horreur. Maurice dissèque la facture comme une grenouille au laboratoire. Non content de diviser la note en deux, il se met à calculer le prix des plats, «tu as pris ceci, et moi j'ai pris cela» et tout ça, petite calculatrice en main. En plus, il fait revenir le garçon pour vérifier le prix de l'escalope : il l'avait crue moins chère. Lucie n'en croit pas ses yeux ni ses oreilles. Elle est humiliée et ne pense qu'à une chose : sortir d'ici au plus vite.

Lucie est blessée. Naïve, elle avait cru que Maurice l'invitait au restaurant. Depuis qu'ils se fréquentent, elle se rend compte qu'il suggère toujours des activités pour lesquelles il n'a rien à payer. Ils se voient toujours chez elle et, inutile de dire que Maurice arrive presque toujours les mains vides. Toutes les occasions sont bonnes pour se faire inviter pour l'apéro, le dîner ou le café cognac. C'était la première fois qu'il avait la chance de lui rendre la pareille, de se montrer généreux et il s'est comporté comme un goujat.

Déçue, Lucie ne l'a plus jamais revu. Adieu Maurice !

* * *

Si le chapeau te fait...

1. Au restaurant, râler sur l'addition et s'obstiner avec le garçon met tout le monde mal à l'aise. Non, le second café n'était pas gratuit.

2. Vous n'êtes pas obligé de finir son assiette et de vider son verre de vin sous prétexte que vous les avez payés.

3. Sa voiture est plus confortable que la vôtre. Une voiture, même la sienne, ça roule avec de l'essence.

4. Si vous campez souvent chez l'autre, offrez-lui de partager. Rendez-vous utile, il y a toujours plein de petits travaux à faire dans une maison (et, en passant, de grâce, ramassez-vous, vous n'êtes pas à l'hôtel).

5. Vous craignez d'avoir l'air vieux jeu en apportant des fleurs, du vin ou un petit quelque chose, mais vous n'avez pas peur d'avoir l'air radin en arrivant les mains vides.

6. Vous allez au cinéma. Ne lui demandez pas de vous rencontrer à l'intérieur pour éviter de payer son billet d'entrée. Si vous avez l'intention de sortir «Dutch», que ce soit convenu à l'avance.

7. Vous prétendez ne plus croire aux fêtes de Noël, de la Saint-Valentin, de Pâques, ni aux anniversaires — on les a trop commercialisées ou ça ne veut plus rien dire — belle astuce pour ne pas offrir de cadeaux!

8. Votre mère habite Toronto? Quand on n'a pas de carte d'appel, les interurbains, on les fait de chez soi.

9. Bravo, vous avez arrêté de fumer! Sortez du paquet des autres.

10. L'excuse d'oublier son portefeuille à la maison, c'est usé et c'est surtout un manque d'imagination.

* * *

Heureusement, il n'y a pas que les radins sur terre. Il y a les généreux, ceux qui vous réconcilient avec les petites mesquineries de la vie et qui vous donnent envie de leur rendre la pareille.

Fin juin. À Montréal, on déménage! Louise prend deux minutes de répit pour me téléphoner. Elle prépare toute seule son déménagement et elle est débordée. Suzanne, elle, voit venir le week-end avec horreur, il faut repeindre tout l'appartement et elle ne sait pas par où commencer. La semaine suivante, elles me rappellent toutes les deux. Elles n'en reviennent pas du nombre de coups de téléphone qu'elles ont reçus de gens qui les avaient entendues et voulaient les aider par pure générosité. Elles tenaient absolument à les remercier en ondes. Louise et Suzanne se sont fait de bons amis et moi, je suis heureuse de constater qu'il y a encore, sur terre, des gens qui ont le cœur sur la main.

Décembre — Une belle histoire de Noël — Le temps des fêtes est bien triste pour les gens seuls. Je le ressens fortement à l'émission et, à cette période de l'année, je suis toujours reconnaissante de rentrer chez moi partager mon sapin de Noël. Mais voilà que quelques jours avant le 25 décembre, je reçois un téléphone de Claudette à qui j'ai eu souvent le plaisir de parler. C'est une fille extraordinaire. Je suis renversée quand je l'entends lancer en ondes une invitation à tous ceux et celles qui n'ont pas de famille ou d'amis et qui sont seuls pour le réveillon. Pour que les gens se sentent bien à l'aise, elle demande de ne rien apporter. Elle s'occupera de tout.

Ce fut un réveillon mémorable. Je suis bien placée pour en parler, j'y étais. Trente-cinq personnes se sont présentées. Claudette avait même dû refuser du monde par téléphone, faute d'espace dans son petit appartement. Nous sommes tous allés à la messe de minuit et, au retour, elle avait fait de la bouffe pour tout le monde. On a sorti un petit orgue du placard, on a tassé les meubles, on a roulé le tapis et on a dansé jusqu'aux petites heures du matin. Je ne me souviens plus qui a dit, à la fin de la soirée, que ça faisait longtemps qu'il n'avait pas passé un Noël comme ça.

N'allez surtout pas croire que Claudette est riche. Non, elle est simplement généreuse.

Chapitre 6

Ne pas placer la barre trop haut

(Pour Sharon Stone et Tom Cruise,
s.v.p. prendre un numéro!)

L'exigence excessive tue le bonheur.

André Langevin

Regarde-toi devant ta glace, Sylvain

Disons-le tout de suite: Claudia Schiffer, manne-
quin international, travaille 18 heures par jour et
ne se déplace qu'en première classe avec son
amoureux qui la suit sans cesse. En jeune femme
bien informée, elle sait très bien que dans trois ans
à peine, une plus jeune qu'elle, plus photogénique
et encore mieux taillée au couteau, la remplacera.
Ne vous faites donc pas d'illusion, messieurs de la
Grande-Allée ou de Laval, Claudia Schiffer, pour
l'instant, est occupée.

Claudia Schiffer ou ses semblables. Combien
de fois, Yvon, Marcel ou Roger m'ont téléphoné en
me donnant la description de la femme qu'ils re-

cherchaient, de bars en bistrots, de découragement en désillusion, et qui correspondait à quelques cheveux ou gestes près à madame Schiffer.

Un certain jeudi soir d'automne, Sylvain se confie sur les ondes. Rapidement, je le devine aussi seul que prétentieux.

— Elles ont, chacune d'entre elles, un défaut majeur qui me fait abandonner la partie. Jeannine avait un regard profond, des cheveux blonds naturels à faire se retourner toute une armée, mais (il y avait toujours un mais) de trop petites épaules. Le tailleur que je lui avais offert et qui avait englouti toutes mes économies prenait sur elle des allures de vêtements achetés à l'Armée du Salut. Lise, au corps parfait de ballerine russe, était malheureusement myope comme une taupe et allergique à toute espèce de lentilles cornéennes, souples, semi-rigides ou rigides, devait porter des lunettes dont les verres correcteurs ressemblaient à des fonds de bouteilles de Coca-Cola. Marianne avait mauvaise haleine, une lèvre supérieure trop mince et calculait encore en milles et en Fahrenheit.

J'ai dû arrêter Sylvain et le questionner, pour remettre les pendules à l'heure sur son travail, son allure physique et ses loisirs. Il était en chômage depuis six mois, avait 28 ans, commençait déjà à perdre ses cheveux, faisait un peu d'embonpoint (il mesurait 5 pieds 8 pouces et pesait 174 livres) et jouait une fois par semaine au mini-golf. Y a-t-il dans la salle une Claudia Schiffer que Sylvain intéresse?

Quelques jours plus tard, Sylvain me téléphona de nouveau, se fit passer pour Georges et changea sa voix. Je le reconnus immédiatement par ses propos, toujours les mêmes. Je demandai à l'imposteur s'il avait trouvé du travail, si ses cheveux s'étaient remis à pousser, s'il avait commencé à faire du jogging tous les matins pour perdre quelques kilos, enfin, s'il avait troqué le mini-golf pour l'équitation. Il raccrocha.

*   *   *

Rimbaud n'est pas disponible, Josiane

Josiane est étudiante en lettres à l'Université du Québec. Étudiante libre. Les Jean-Paul Sartre ne courant pas les rues, elle vit seule, se branche sur Radio-Canada FM et est abonnée à *Cité Libre*, nouvelle version. Elle a dû, ce soir-là, s'accrocher les doigts sur le sélecteur numérique de sa radio de telle sorte qu'elle entend... «Parce qu'à deux, c'est mieux» sur la bande AM et elle s'étonne que tant de femmes et d'hommes se cherchent sur les ondes. Curieuse, elle écoute, trouve le phénomène quelque peu «indécent», mais elle ne retourne pas, en ce lundi monotone, à la bande FM de la SRC ni les soirs suivants.

— J'ai 28 ans. En littérature, mes auteurs préférés sont Camus et Kafka. J'ai vu tous les films d'Alain Renais, la dernière rétrospective de Riopel m'a déçue et Érik Satie me bouleverse à chaque note. Je n'aime pas les danses de ligne ni le tutoiement dès les premières rencontres.

J'aurais deviné, tiens !

— Je ne dirais pas non à un professeur d'université, âgé de 35 ans, célibataire, sérieux et qui me proposerait d'aller visiter le Musée d'art contemporain de Guggenheim à New York, par exemple.

Personne n'a rejoint Josiane ce soir-là ou n'a même pas pensé une seule seconde oser la rejoindre. Josiane avait placé la barre trop haut. C'est ce que je lui fis remarquer la seconde fois que je l'ai eue en ligne une semaine plus tard. «Je préfère la solitude de mes livres, me répondit-elle, à une vie partagée avec un être qui ne parviendrait pas à me prolonger intellectuellement.»

Avec de tels propos désincarnés, allait-elle finir un jour par toucher le cœur d'un rédacteur en chef de revue littéraire, d'un conservateur de musée ou d'un sous-ministre de la culture ? Non, mais celui de Marc, concierge d'une tour d'habitation du centre-ville et qui laissa un message sur sa boîte vocale. Josiane, évidemment, n'y donna pas suite. Celui-ci rappliqua une deuxième, une troisième et une quatrième fois. Cette fois-là fut la bonne.

Marc devait aimer les défis insurmontables, par exemple traverser le parc des Laurentides en pleine tempête de neige aller-retour dans la même nuit au milieu de février. Ce couple impossible se donna ainsi rendez-vous dans un restaurant d'aliments naturels. Elle le trouva tout de même séduisant. En effet, Marc, 32 ans, cheveux poivre et sel, 1,80 mètre et 79 kilos, passait pour être une belle pièce d'homme, mais pour entretenir une conversation sur une éventuelle nouvelle version de *L'année dernière à Marienbad*, Josiane avait quelques longueurs d'avance.

Plus la conversation tournait autour du nouveau Forum et des pneus d'hiver, plus Josiane avalait sa lasagne végétarienne rapidement. Elle rentra chez elle, laissant Marc, qui ne demandait au fond pas mieux que de se faire lire et expliquer amoureusement l'éditorial du *Devoir*, à ses problèmes quotidiens de concierge de l'Habitation 2000.

Josiane s'endormit seule, dans son lit trop grand, mais non sans avoir relu *Sensations* d'Arthur Rimbaud comme si la vraie vie n'existait que dans les livres et que le poète lui-même allait l'inviter à déjeuner le lendemain midi au Lux.

* * *

Reviens sur terre, Sandra

Aujourd'hui, avec tous les moyens de communication ultrarapides que nous possédons, les superstars de la chanson sont présentes partout : télévision, disques compacts, revues spécialisées, radio, audiocassettes, vidéocassettes... Ce phénomène en a attiré un autre, celui des «groupies», et quand on l'est, on devient possédé par son idole, comme l'est un membre d'une secte religieuse par son dieu planétaire tout-puissant.

Les murs de la chambre de Sandra sont tapissés des affiches de Roch Voisine. Elle possède la

67

collection complète de ses albums, connaît les textes de ses chansons par cœur, aussi bien en anglais qu'en français, et n'a raté aucun de ses spectacles à Montréal et dans les environs. Une équipe inévitable de gorilles entoure, chaque fois qu'elles se déplacent, les idoles de la chanson et, en aucun moment, Sandra n'a réussi à percer ce mur, ne serait-ce que pour se rendre à 20 mètres du beau Roch.

Sandra a 18 ans, termine son cégep cette année et se tient toujours dans les dernières rangées de la classe. Elle s'isole. Les garçons de son entourage la trouvent très jolie et attendraient facilement en ligne à sa porte pour un simple samedi soir avec elle. Vous comprendrez facilement que, si elle a vu s'enfuir Jean, Robert et François, c'est qu'elle leur a littéralement cassé les oreilles et les pieds avec vous savez qui! Pas besoin de drogue pour Sandra, quand elle veut décrocher, voler au-dessus de la matière. Elle s'endort, l'oreiller sur la tête, en imaginant qu'elle s'appelle Hélène et que Roch Voisine vient la surprendre dans un champ de blé, qu'il l'amène avec lui dans l'espace infini et l'éternité.

Elle me parle sur les ondes, ce soir-là, comme si elle souhaitait, par un hasard inimaginable, que Roch Voisine soit à l'écoute et qu'il lui fasse un signe quelconque sur sa boîte vocale. Elle sait bien que ce n'est pas possible mais, peut-être y a-t-il quelque part quelqu'un qui lui ressemble comme un sosie, joue de la guitare et chante comme lui. Je lui explique qu'elle a une chance sur un million pour que ce genre de contact se produise, qu'elle vit dans un monde irréel, fait de fantasmes et de chimères qui lui seront néfastes à long terme.

— Êtes-vous en train de me dire que je place la barre de mes amours trop haut?

Je croyais entendre Sylvain et Josiane. Je lui suggérai de prendre du recul vis-à-vis de son idole, de développer un esprit plus objectif et de revenir sur terre. Je passai rapidement à un autre appel en me disant que Sandra n'était pas sortie du bois et encore moins de l'emprise de Roch Voisine.

Il y a dans la région de Beauharnois un groupe de jeunes musiciens. Ils font dans le rock-détente plutôt que le rap et le heavy metal. Ils écrivent leurs propres compositions et passent plus de temps, il faut bien le dire, à répéter dans le sous-sol de Jean-Guy, leur leader, qu'à donner des spectacles. Aucun gérant d'envergure, malgré toutes leurs démarches, ne s'est intéressé à eux. Ni éditeur ni maison de disques. Le groupe s'appelle Les Ovnis et chacun des musiciens qui le compose a le feu sacré, la détermination et le look qui font les grandes vedettes.

Jean-Guy a 25 ans. Pour s'habiller, manger, vivre et payer de temps en temps de nouvelles cordes à sa guitare, il doit se résigner à faire d'incalculables petits travaux, au noir évidemment. Alors qu'il en était à sa deuxième couche de vernis sur le plancher en bois franc de sa tante Gertrude, celle-ci écoutait «Parce qu'à deux, c'est mieux».

Tout en travaillant, il entend d'une oreille distraite le récit de Sandra. Tout d'abord, il trouve cette «groupie» franchement démesurée. Il y a «groupie» et «groupie». Il y a Roch Voisine, c'est sûr, mais il y a aussi Sting. Enfin, Jean-Guy écoute Sandra. Ce personnage l'intrigue. Il plaint Sandra, trouve qu'elle devrait ouvrir ses horizons musicaux, sortir un peu... enfin, il laisse tomber son pinceau et, au nom de la musique, laisse un message sur sa boîte vocale.

— Ici Jean-Guy, du groupe Les Ovnis. Je suis intéressé à te rencontrer. On pourrait parler de chansons. Je te ferais entendre mes compositions. J'ai les derniers disques compacts de Sting et d'Alain Souchon. Au plaisir.

Croyez-le ou non, Sandra, par désœuvrement ou par curiosité, a accepté l'invitation. Dans son auto qui la conduisait à Beauharnois, elle a fait jouer à plein volume, je vous le donne en mille, une cassette de Roch Voisine, chanté, ri et pleuré avec lui. Elle n'était pas sans se dire qu'elle perdait carrément son temps. Dès son arrivée au Bistrot de la Dernière Chance, à Beauharnois, et comme elle allait faire demi-tour, Jean-Guy la reconnut grâce à la description physique qu'il avait eue et à la marque de son auto cabossée. Il lui fit signe de la main. Il était trop tard pour retourner. Elle descendit de l'auto, trouva Jean-Guy mal habillé, mal coiffé et très quelconque. Tout le contraire du compositeur d'*Hélène*.

Ils prirent une bière ensemble. Jean-Guy, par nervosité et pour combler les silences, parlait sans cesse. En 15 minutes, tous les thèmes du métier de musicien-compositeur y passèrent: studio, technicien de son, imprésario, télévison, le Québec, la France, les États-Unis. Céline Dion, Luc Plamondon, Sting... Sandra écoutait avec un certain intérêt, mais après une heure, voulut quand même rentrer chez elle à Montréal. « Pas avant la surprise que je t'ai réservée », coupa Jean-Guy.

Et c'est ainsi que Sandra se retrouva dans le local de répétition des Ovnis. Les autres musiciens, avec la complicité de leur leader, l'attendaient. Sandra se fit offrir une autre bière et, confortablement installée sur un divan de garage, assista, curieuse et finalement étonnée, à la répétition du groupe. Elle les remercia, promit de revenir et reprit la route qui mène à Montréal.

Je n'ai jamais eu d'autres nouvelles de Sandra et j'avoue qu'avec le grand nombre d'auditeurs et d'auditrices qui me parlent chaque jour, je l'ai pratiquement oubliée.

Voilà cependant qu'hier matin, j'ouvre mon courrier et — bonne nouvelle — je lis sur un carton d'invitation : « Vous êtes cordialement invitée à assister à une représentation des Ovnis au Spectrum de Montréal, dans le contexte du concours de groupes CIBL. S.v.p., confirmez votre présence. » Sandra X, attachée de presse.

Amour, amitié, travail ? On ne saura jamais à moins que ce ne soit pour Sandra un moyen déguisé pour percer enfin le mur de gorilles qui la sépare encore du beau Roch Voisine. J'espère que non.

* * *

71

Un autre hiver en ville pour toi, Réal

Réal, la trentaine avancée, aux revenus financiers ordinaires et d'un degré d'instruction moyen, était issu d'une famille normale et vivait dans un quartier où le nombre de chômeurs et d'assistés sociaux est un des plus élevés à Montréal.

Cela ne l'empêchait pas d'avoir beaucoup d'ambition et d'être le plus bel imposteur que je n'aie jamais entendu. Évidemment, je l'ai cru quand il m'a dit en ondes qu'il était président-directeur général d'une PME spécialisée dans la fabrication d'instruments de plastique pour la cuisine. On ne se méfie jamais assez des gens qui, dans leur conversation, donnent trop de détails. Je l'ai cru aussi quand il m'a dit que le golf était son sport préféré, qu'il était membre à Laval-sur-le-Lac, mais que sa véritable passion était son voilier trois-mâts. Je l'ai cru comme Claire l'a fait ce soir-là.

Claire ne se doutait pas que Réal, au fond, voulait se sortir de sa petite vie normale, vivre en première classe, déjeuner le dimanche dans les Jardins du Ritz, passer ses hivers au Club Med de la Martinique tout en regardant sans scrupule son nouvel amour payer l'addition. Certains sont amoureux de l'amour (ce qui est un autre piège), mais pas Réal. Réal était amoureux d'un avenir luxueux et était prêt à prendre tous les moyens pour y arriver... et pourquoi pas «Parce qu'à deux, c'est mieux».

Claire, de son côté, était nouvellement veuve et, sans enfant, avait hérité de la fortune entière de son mari. Elle avait l'habitude de la *dolce vita* et n'entendait pas donner ses avoirs à la Saint-Vincent-de-Paul. La voix de Réal lui plut et elle trouva tout à fait charmant son goût pour le golf, sa passion pour son voilier et son travail. Elle était de 10 ans l'aînée de Réal, mais celui-ci n'allait pas s'y attarder, il va sans dire.

Ils prirent rendez-vous dans un bar de l'ouest de la ville. Pauvre Réal. Dès le premier (et le dernier d'ailleurs) dry martini, son Aqua Velva, sa Rolex «made in Taiwan» et le zircon de sa chevalière le trahirent. Claire avait l'œil et le pif. Leur tête-à-tête dura 15 minutes et c'est Claire, paraît-il, qui, indifférente, dut payer l'addition.

Chapitre 7

Écouter son cœur
et non son entourage

(N'en déplaise à tante Annette.)

> *On ne peut contenter tout le monde et son père.*
>
> Jean de La Fontaine

Août 1979 — Hampton Beach. C'est le temps des vacances. Sur la plage, Christine rencontre David. Elle a 19 ans et lui, 20. Ils sont tous les deux étudiants. Christine est venue passer l'été à Hampton Beach pour s'occuper des enfants de la famille Bélanger. Elle profite aussi de l'occasion pour parfaire son anglais. David, comme chaque été, reprend son travail de maître nageur. C'est le coup de foudre. Ils se voient tous les jours sur la plage et, le soir, quand les enfants sont couchés et que madame Bélanger n'a pas besoin de Christine, ils sortent, prennent de longues marches et discutent pendant des heures. Les jours de congé, ils se retrouvent dans le petit studio de David. Leur relation s'épanouit dans toute la magie des vacances. Ils comprennent vite que leur amour ne s'éteindra pas avec la fin de l'été.

En septembre, Christine retourne à Montréal et David rentre chez lui, à Boston. La séparation est pleine de promesses. Ils se téléphonent, ils s'écrivent et ils attendent avec impatience le premier long week-end où ils pourront se retrouver.

Christine partage un petit appartement avec Louise et Geneviève, ses deux meilleures amies. Les trois filles se connaissent depuis l'enfance. Au bout de trois jours, Louise et Geneviève savent déjà tout de David, dans les moindres détails. Quand, épuisées, elles réussissent à se réfugier dans leur chambre, Christine saute sur le téléphone et accapare tous ses autres copains. Personne n'y échappe.

Enfin, David s'annonce pour le week-end de l'Action de grâces. Il était temps. Les copines n'en peuvent plus. Qu'il arrive, qu'on arrête d'en parler! Mais surtout, qu'on le voit, enfin, l'Américain.

Christine ne tient pas en place. Branle-bas de combat dans l'appartement. On ramasse tout ce qui traîne.

On retrouve le bas bleu qu'on cherchait depuis deux semaines, le livre qu'on a juré avoir rendu à la bibliothèque le mois dernier. On redécouvre le joli fauteuil qu'on avait oublié parce qu'il était enseveli sous un amoncellement de vêtements. La machine à laver veut rendre l'âme. L'appartement s'agrandit.

Christine décide que le mieux à faire est d'organiser une fête pour l'arrivée de David. Tous les copains pourront enfin faire sa connaissance.

Le jour J arrive. Christine, émue, va chercher David à l'aéroport. Ils se sautent dans les bras et s'embrassent longuement. Ils se retrouvent comme s'ils s'étaient quittés la veille. David lui dit qu'il a hâte d'être seul avec elle. Christine lui sourit et pense aux 15 personnes qui l'attendent à la maison. Il sera déçu, mais ils auront tout le reste du week-end à eux, Louise et Geneviève ayant promis d'aller chez les parents de Louise dans les Cantons de l'Est.

L'entrée de David ne manque pas de faire effet. Les filles le trouvent beau. Les gars sont impressionnés par sa carrure de joueur de football. Christine n'avait pas menti, ses descriptions étaient exténuantes mais justes. Louise et Geneviève font des clins d'œil complices à Christine, pendant que David se présente et serre les mains tendues.

Les présentations faites, on s'aperçoit vite que les conversations n'iront pas très loin. David ne parle pas français et les copains parlent l'anglais comme un Basque espagnol. Christine joue à l'interprète. David est charmant et spirituel, mais ça se perd dans la traduction. Au bout d'une heure, tout le monde s'amuse sauf lui et il a de la difficulté à le cacher. Il commence à trouver que la fête s'éternise, il en a marre de parler par signes. Chez lui, David est toujours *« the life of the party »*. Il adore les fêtes. Ici, faute de communication, il semble plutôt froid et hautain. Il a surtout hâte de se retrouver seul avec Christine. Il la préfère en amoureuse qu'en interprète.

Nos tourtereaux retrouvent enfin leur intimité et David, son sourire. Ils ont l'appartement à eux pour toute la fin de semaine. Ils retrouvent la complicité amoureuse du petit studio de Hampton Beach. Quant à David, il découvre Montréal, c'est sa première visite et il est amoureux de son guide. La prochaine fois, c'est lui qui promènera Christine dans les rues de Boston.

Hélas, les meilleures choses ont une fin et David doit repartir à la fin du week-end.

Christine, quant à elle, retourne à l'université et la vie reprend. Louise et Geneviève ont trouvé David un peu «snob», ce qui la chagrine beaucoup. Les filles sont plus que des amies, ce sont presque des sœurs, toujours complices. Christine aurait bien aimé qu'elles approuvent son choix. Bonnes joueuses, les filles lui disent qu'elles apprendront probablement à mieux le connaître quand il reviendra. Devant leur manque d'enthousiasme, Christine garde ses souvenirs de week-end pour elle.

Christine prend l'habitude de descendre à Boston dès qu'elle a deux ou trois jours de libre. Ses séjours sont de plus en plus agréables. Tant mieux car David, lui, hésite à revenir à Montréal. De toute façon, ses amis adorent Christine, la trouvent drôle et aiment son *French look*, sans parler de son accent. Évidemment, le fait qu'elle parle anglais facilite les relations.

Louise et Geneviève, elles, s'ennuient de «l'Américaine». Entre les études, les travaux et les

voyages de Christine à Boston, il n'y a plus beaucoup de temps pour les soirées de «filles». Celles-ci
se sentent délaissées. Pourtant, la devise avait
toujours été : c'est pas parce qu'on a un «chum» que
les copines n'existent plus.

Christine, amoureuse, est quand même d'accord. Ses amics lui manquent aussi. Elle s'ennuie
des samedis-beauté, des séances d'épilation et de
masques hydratants, des teintures quelquefois ra-
tées et des bavardages — en français — qui se
terminent toujours en fou rire. Et surtout, que
choisir entre une invitation de David à Boston et le
dîner d'anniversaire de Geneviève à Montréal ? À
qui doit-elle faire de la peine ? À qui doit-elle faire
plaisir ?

David brille par son absence et les absents ont
toujours tort. Louise et Geneviève ne comprennent
pas ce que Christine lui trouve. Il y a trop de
différence entre eux pour que ça marche. Pas la
même langue, pas le même milieu, pas la même
religion. De plus, les parents de David sont très
réticents devant les amours de leur fils. Bref, l'entourage est hostile.

Influencée par ses copines, Christine commence à se poser de sérieuses questions ; il ne faut
pas compter sur David pour venir s'installer ici,
son avenir est à Boston.

— Veut-elle déménager aux États-Unis ?

— Veut-elle vivre en anglais ?

— Veut-elle avoir une belle-famille à dos ?

— Veut-elle élever ses enfants dans une autre religion ?

— Veut-elle laisser tous ses amis et sa famille derrière ?

Christine et David subissent des pressions de tous les côtés. La famille, les amis, bref, tout le monde s'en mêle. Leur relation se détériore. Christine supporte de plus en plus mal les aller-retour entre Montréal et Boston. Elle néglige ses études et s'inquiète de l'avenir. De son côté, David sent qu'il doit prendre une décision qui risque de briser tout lien avec sa famille.

Bientôt, fatalistes, ils se quittent.

Les années passent. Ils refont leur vie chacun de leur côté.

Christine termine ses études à l'université en communications. Elle épouse un étudiant en médecine et est heureuse avec lui pendant 12 ans. Il meurt dans un accident d'avion, elle se retrouve veuve avec deux enfants et elle travaille maintenant dans une agence de publicité. David, lui, connaît une relation tumultueuse et orageuse qui se termine par un divorce. Il n'a pas d'enfant.

Mai 1992. David débarque à Montréal par affaires. S'il n'a pas réussi sa vie amoureuse, il a, par contre, très bien réussi sa vie professionnelle. Ses affaires sont florissantes. Il travaille dans le domaine des communications et il est venu à Montréal pour signer un important contrat. La journée a été excellente.

Il rentre à l'hôtel, exténué, prend une longue douche, enfile le peignoir au monogramme de l'hôtel et se sert un scotch bien tassé et bien mérité. Le concierge a sûrement un bon petit restaurant à lui suggérer et, si son horaire le permet, David compte bien voir le Stade olympique et le centre-ville. Montréal a beaucoup changé depuis la dernière fois qu'il y a mis les pieds.

David s'étend sur le lit, ouvre la radio et choisit un poste au hasard avec le contrôle à distance. La voix d'Aznavour remplit la chambre et, fatigué, il commence déjà à somnoler. La chanson se termine.

— Bonsoir. Vous écoutez «Parce qu'à deux, c'est mieux». J'ai Christine au bout du fil. Bonsoir, Christine.

Dans son demi-sommeil, David tressaille au son du nom familier. Il tend l'oreille. Il comprend juste assez le français pour se rendre compte qu'il écoute une tribune téléphonique. Il n'a pas arrêté de penser à Christine depuis qu'il est à Montréal.

Il est maintenant tout à fait réveillé. A-t-il vraiment entendu Christine? Que fait-elle à la radio? Tout à coup, son imagination fait du 100 milles à l'heure. Il a le cœur qui bat la chamade. Il bascule en arrière, il a de nouveau 20 ans et tout son amour de jeunesse lui revient en mémoire. Il a soudain besoin de revoir Christine à tout prix. Cette voix à la radio lui a donné un coup au cœur. Il ouvre le bottin, c'est son seul moyen de la retrouver. Autant chercher une aiguille dans une botte de foin. Est-elle mariée? A-t-elle changé de nom?

Qu'à cela ne tienne, il ouvre à la page des Morin. Découragé, il constate qu'il y a deux colonnes de C. Morin. Tant pis! Il est décidé à tout tenter pour la revoir.

Au douzième appel, une femme répond.

— May I speak to Christine Morin, please?

— Speaking.

— Does the name David Cohen ring a bell?

— David Cohen? Un long silence. Of course, it does. I'm just very surprised. Where are you?

Ce fut un long téléphone de deux heures.

* * *

Je ne connaissais pas Christine. Je ne lui avais jamais parlé, mais elle écoutait quelquefois mon émission. Quand David lui eut raconté qu'il avait cru l'entendre à la radio, dans sa chambre d'hôtel, elle fit des recherches pour savoir quelle émission pouvait bien passer à cette heure-là. Elle tenait absolument à me raconter son histoire puisque, bien malgré moi, le hasard avait fait que j'avais contribué à leurs retrouvailles.

Christine vit maintenant à Boston avec ses deux enfants. Il est évident que ces deux-là n'auraient jamais dû se quitter, ils s'aimaient. Mais ils étaient jeunes et ils ont cédé sous la pression de leur entourage. Ils auraient dû écouter leur cœur. Pendant les années de séparation, côté sentimental, David a eu moins de chance que Christine qui, elle, a connu une belle histoire d'amour. Elle a d'ailleurs deux enfants qu'elle adore. Que ce couple se retrouve à nouveau prouve qu'on n'échappe pas si facilement à son destin.

Chapitre 8

Les compromis

(Aimez-vous mon petit chat?)

> *On n'apprend jamais assez tôt que le compromis est à la base du bonheur.*
>
> François Moreau

Compromis: n.m. Arrangement dans lequel on se fait des concessions mutuelles. (*Le Petit Robert*)

Le compromis est aussi l'échange entre deux personnes qui recherchent l'harmonie.

À partir du moment où l'on accepte un partenariat, aussi bien en affaires qu'en amour, on doit s'attendre à faire des compromis. C'est une situation que nous vivons tous les jours dans notre milieu de travail. Pourquoi en serait-il autrement dans le quotidien avec un partenaire amoureux?

«J'apprécie que tu me fasses de bons petits plats chaque fois que tu en as l'occasion, même si je sais que Pol Martin n'est pas ton auteur préféré. De mon côté, il me fera plaisir de t'accompagner au cinéma bien que je préfère regarder la télé.»

Compromis ne veut pas nécessairement dire contrainte ou contrariété, mais plutôt échange de bons procédés.

Quand Jocelyne emménage avec Louis, elle laisse son chat derrière, chez ses parents. Mais bien vite, minou lui manque. Sans adorer les animaux, Louis les supporte très bien et minou déménage aussi. Louis fait cette concession pour faire plaisir à Jocelyne.

Il n'est pas question ici de concessions qui chambardent toute une vie. Ce sont de petites attentions qui rendent la vie de couple tellement plus agréable.

Si vous avez l'impression que vos compromis deviennent des contraintes et de trop gros efforts, vous êtes sur la mauvaise voie. D'où l'importance d'afficher vos vraies couleurs dès le début d'une relation.

« Si tu veux bien m'accompagner, une fois, à un voyage de pêche, je te promets d'essayer avec toi, l'automne prochain, le centre de thalassothérapie qui te fait tant envie à Eastman. »

Qui sait? Peut-être deviendra-t-elle une mordue de la pêche et découvrira-t-il les mérites de la cure santé. Ça vaut la peine d'essayer.

Pierre-Hugues est un jeune homme ambitieux et très déterminé. Pendant ses études universitaires, il fait la connaissance de Caroline, une infirmière. Ils se fréquentent pendant deux ans et se marient. Pierre-Hugues termine son MBA avec succès et il est immédiatement engagé par une

importante firme de comptables agréés de Montréal. Au cours de leurs deux années de fréquenta-
tion, Caroline et Pierre-Hugues ont tout de suite
joué cartes sur table en ce qui concerne la façon de
réaliser leurs rêves et leurs ambitions. D'un commun accord, ils veulent des enfants, une petite
maison et tout autant que lui, Caroline souhaite
que Pierre-Hugues ait un jour son propre bureau
de comptabilité. Les gâteries viendront plus tard,
si les moyens financiers le permettent. Ces deux-là
savent où ils s'en vont ensemble. Les années
passent, les enfants arrivent, Pierre-Hugues travaille très fort et il est prêt à ouvrir son bureau.
Caroline n'est pas dupe: elle sait très bien que
pour que le nouveau projet de son mari réussisse,
c'est elle qui devra faire les concessions et les
compromis. Ils en ont parlé souvent, on n'a rien
sans peine, et Caroline est à la hauteur de la
situation. Toute leur vie est chambardée. Pierre-
Hugues voit les enfants à la sauvette, il annule les
dîners, les projets de week-ends et les vacances
souvent à la dernière minute. Leur vie doit s'ajus-
ter à toutes ces imtempéries. C'est Caroline qui
fait les compromis et, pour le moment, Pierre-
Hugues ne peut lui renvoyer l'ascenseur.

Je suis certaine que ces deux-là vont très bien
s'en sortir. Déjà, Pierre-Hugues voit la lumière au
bout du tunnel et, comme il se plait à répéter, «et
ce n'est pas un train».

* * *

Suzanne voit son beau Luc partir au golf tous
les samedis. Pas question de lui demander d'aban-

donner son sport préféré. C'est une détente bien méritée après ses longues semaines de travail. Un jour, pour lui faire plaisir, elle décide de prendre des leçons de golf. La voilà maintenant plus maniaque que lui.

Ce que vous avez fait, un jour, par gentillesse, vous risquez, demain, de le faire par goût.

Ouvrez vos horizons.

* * *

Vivez-vous chez vos enfants?

Certains compromis ont plus de conséquences que d'autres.

Quand on a accepté un partenaire qui a des enfants, ce n'est jamais facile. Ni pour les adultes ni pour les enfants. Vous avez fait un choix. Les enfants, eux, n'ont pas choisi. Ils doivent s'adapter. Soyez compréhensifs. Attendez-vous à faire des concessions qui ne seront pas toujours réciproques. S'il y a une situation où les enfants n'ont pas envie d'être raisonnables, c'est bien celle-ci et c'est vous l'adulte.

Le nouveau conjoint est rarement le bienvenu. Vous devrez faire preuve de maturité, de flexibilité, d'ouverture d'esprit et surtout de tolérance.

Rien ne fait plus plaisir à votre conjoint que si vous êtes indulgent envers ses enfants. Par contre, rien ne le rend plus malheureux que lorsqu'il est placé dans une situation où il doit prendre parti. Et vice versa.

Une fois apprivoisés, les enfants sont source de mille joies et vous feront oublier tous vos efforts.

La charmante ado

Christophe vit avec Marie-Claude et sa fille Nadine depuis six ans. Nadine est gentille, aussi gentille qu'on peut l'être en crise d'adolescence. Christophe aime beaucoup Nadine. Il la connaît depuis qu'elle a neuf ans. Il la gâte, fait le taxi pour elle et ses amis, lui achète un vélo, l'amène en ski, lui donne son premier baladeur, etc., et ça lui fait plaisir. Mais voilà qu'à l'adolescence, la charmante enfant change complètement de personnalité. Elle adore Christophe, mais dès qu'il ouvre la bouche pour lui demander de baisser la musique ou de laisser le téléphone, elle hurle : «Tu n'es pas mon père». Christophe n'est pas blessé, il comprend. Cependant, dans la maison, on marche sur des oeufs.

Marie-Claude est juste. Malgré tout l'amour qu'elle porte à sa fille, elle n'est certainement pas d'accord avec son attitude. Un jour, n'en pouvant plus, elle la prend par le bras gentiment et l'entraîne dans sa chambre. Elle baisse la musique.

— Ma petite chérie, lui dit-elle, tu as tout à fait raison quand tu dis à Christophe qu'il n'est pas ton père. Cependant, il a tout de même le droit de dormir à minuit au lieu d'écouter Jimi Hendrix, et ce n'est qu'un exemple. La prochaine fois qu'il te glissera 10 dollars pour aller au cinéma ou qu'il t'offrira de changer ton équipement de ski, sois constante et dis-lui : « Non, merci. Je ne peux pas accepter, tu n'es pas mon père. »

On n'a plus jamais entendu cette phrase dans la maison et Christophe a senti qu'il était appuyé par Marie-Claude dans une situation où il avait raison. Vive l'harmonie !

La fille de René

Émilie est l'enfant du premier mariage de René. Elle a cinq ans et elle fréquente la maternelle. Elle a beau avoir de grands yeux verts et être habile en dessin, il n'en demeure pas moins qu'Émilie est une petite peste. Gâtée à gauche, pourrie à droite, cette punaise impose sa loi et fait de son papa le plus heureux des esclaves.

Quand René part chercher sa fille tous les deux vendredis et qu'il revient avec elle à la maison, sa femme se fait violence et elle évite, grâce aux multiples exercices de yoga qu'elle a faits le matin même, toute espèce de soupirs d'exaspération et de phrases qui pourraient ressembler à : « ...Émilie, pour l'amour du ciel, range tes 14 poupées qui traînent dans le salon. » Parfois même, pour éviter l'affrontement, elle laisse papa seul avec sa fille pour quelques heures ou, encore mieux, elle leur offre le cinéma. *Beethoven II* est un succès garanti. À leur retour, elle ne commet pas l'erreur de dire qu'elle s'est ennuyée à mourir (il ne la croirait pas), mais elle déclare plutôt : « En vieillissant, c'est fou comme ta fille te ressemble physiquement. »

Quand René est entré dans la vie de Mia, Émilie venait avec et un week-end sur deux. La situation était à prendre ou à laisser. Mia serait-elle aujourd'hui plus en harmonie avec le restant de la planète si elle était alors devenue amoureuse d'un jeune Apollon sans passé véritable ni enfant turbulent? On ne le saura jamais. De toute façon, on ne refait pas l'histoire et Mia, de toute évidence, est amoureuse de René pour ce qu'il est et avec ce qu'il a.

Le dimanche soir quand elle se retrouve finalement en tête à tête avec lui, elle se surveille pour ne pas exploser de bonheur. Elle fait comme si tout était normal. Et si jamais sa fille de 19 ans, qui vit depuis six mois en appartement avec une coloc de cégep, téléphone pour lui annoncer: «Maman, la télé ne fonctionne plus», René, bon joueur, court la réparer même si Émilie, il faut bien l'avouer, l'a épuisée tout le week-end.

Vive les compromis!

Chapitre 9

Prendre le taureau
par les cornes

(Évitez toutefois de porter du rouge.)

On n'est jamais si bien servi que par soi-même.

Jean de La Fontaine

Barbara, ma belle voisine, est célibataire depuis bientôt sept ans. Il lui arrive d'avoir un ami à l'occasion, mais la relation ne dure jamais long-temps. Elle sait ce qu'elle veut, elle est bien dans sa peau et elle ne sacrifiera sa liberté que pour l'homme idéal ou ce qui s'en rapproche le plus. Après toutes ces années à essayer de le rencontrer, elle en a presque pris son parti. « Vaut mieux être seule que mal accompagnée. » Telle est la devise de cette femme autonome.

L'hiver, Barbara a une passion. C'est le ski. Elle ne manque jamais une occasion de se rendre dans les Laurentides ou dans les Cantons de l'Est avec ses amis qu'elle a nombreux, d'ailleurs.

Ce samedi-là, la température est superbe, il ne fait pas trop froid et les conditions de ski sont excellentes. Une vraie journée de ski de printemps. Tout à coup, au bas de la pente, Barbara aperçoit l'homme et elle a immédiatement un coup au cœur. Elle ne peut pas le perdre de vue, car il est très grand et sa tête dépasse celles de tous les autres skieurs qui, rassemblés en troupeau, attendent patiemment la remontée mécanique. Elle ne perd pas un instant et se faufile dans la foule, joue du coude, pousse à gauche, pousse à droite, égratigne quelques paires de ski au passage afin de se glisser à côté de lui. Trop tard, il vient de prendre la chaise, c'est loupé.

Elle réussit quand même à monter juste derrière et lorsqu'elle descend à son tour, elle s'empresse de le suivre sur la même pente de ski. Malheureusement, il est bien meilleur qu'elle et elle ne réussit pas à le rattraper. Qu'à cela ne tienne, elle montera avec lui au prochain tour.

Plus facile à dire qu'à faire.

Arrivée au bas de la pente, encore une fois, elle joue du coude, se faufile, s'excuse 20 fois de passer sur les spatules des skieurs en attente et, récompensée, se retrouve à ses côtés. Elle a juste le temps de devancer une tuque à pompon rose qui s'apprêtait à monter dans la chaise avec lui et la voilà assise à sa droite. Désinvolte, elle lui adresse un petit sourire qu'il lui retourne immédiatement. Ça l'encourage et elle se dit : « Ça va, je continue. »

Le truc est de trouver un sujet de conversation avant que la chaise arrive au sommet de la montagne et qu'ils en descendent. Sur la piste, à gauche, des ados prennent une leçon de ski. Les pointant du doigt, elle prend son courage à deux mains et entame la conversation.

— Est-ce que vos enfants font du ski avec vous ?

— Mes enfants sont beaucoup plus âgés que ces jeunes. Ils font du ski par eux-mêmes.

— Vous skiez souvent ici ?

— Tous les week-ends. J'ai un abonnement.

— Alors, votre femme fait du ski aussi ?

— Je n'ai pas de femme.

— Je vous soupçonne d'être un très bon skieur.

— Je me débrouille assez bien. J'en fais depuis l'âge de cinq ans.

— L'été, jouez-vous au golf ?

— C'est mon sport préféré. Et vous ?

— Ce n'est pas l'envie qui manque, mais c'est bien trop cher pour une mère célibataire.

— Vous habitez Montréal ?

— Oui, j'habite rue Bernard, à Outremont.

Les voilà arrivés en haut de la pente et ils doivent descendre. Barbara lui tend la main et lui sourit de toutes ses dents, qu'elle a d'ailleurs fort belles.

— Je m'appelle Barbara Brown. J'espère avoir le plaisir de vous revoir. Bonne journée.

Et voilà. En cinq minutes, elle a réussi à savoir qu'il est libre, que ses enfants sont déjà «élevés» et qu'il joue au golf. Encore mieux, lui, de son côté, sait maintenant qu'elle est une mère célibataire, avec de modestes moyens, et qu'elle habite rue Bernard. Elle a même réussi, en prime, à lui refiler son nom et son prénom. S'il est intéressé et le moindrement débrouillard, il saura bien la rejoindre.

La journée de ski terminée, l'homme rentre au chalet qu'il partage avec des amis et qu'il a loué pour l'hiver. Le pied à peine dans la porte, il leur déclare, tout de go :

— Je crois bien que je viens de me faire «accrocher»!

Le lundi, en rentrant de travailler, Barbara est heureuse, mais pas trop étonnée, d'entendre la voix de l'homme sur son répondeur. Il laisse son numéro de téléphone et l'invite le lendemain pour le lunch. Elle ne sera pas déçue. Il est encore plus séduisant en tête à tête devant un verre de vin qu'au grand air sur une pente de ski.

* * *

Ils ne se sont pas quittés depuis. Ils se sont mariés récemment et, de plus, ils sont partenaires en affaires dans une chaîne de boutiques de fleurs.

Un vrai roman Arlequin. Qui a dit que les gens heureux n'avaient pas d'histoire ?

J'aimerais bien pouvoir vous dire que je suis la marraine de leurs amours mais Barbara, ma voisine débrouillarde, a bien mené sa barque et elle ne doit son bonheur qu'à elle seule. Elle a pris les moyens pour aller chercher ce qu'elle voulait.

Nous ne sommes évidemment pas tous des Barbara, mais prendre le taureau par les cornes n'est pas toujours aussi difficile qu'on pourrait le penser et c'est à la portée de tous.

Bonne chance !

Chapitre 10

Les pieux mensonges

(Oui, le chèque est dans la poste.)

La vraie vérité fait peur à bien du monde.

Marcel Dubé

Les petits mensonges blancs sont permis. Ils ont pour but d'éviter de blesser les gens, de ne pas provoquer une querelle ou un malentendu. Ce ne sont pas de vrais mensonges et adapter la vérité ne peut nullement causer préjudice à quelqu'un.

Pas question ici de mentir, mais de nuancer la vérité pour éviter de faire de la peine à ceux qu'on aime.

Toute vérité n'est pas bonne à dire.

Les feuilles aux arbres

Ce n'est pas son sourire éclatant, ni sa sensualité à fleur de peau, ni sa taille de guêpe qui l'ont séduit lors de leur premier rendez-vous au Festival des films du monde, édition 1992. Elle était journaliste pour un grand quotidien montréalais. Il était photographe pigiste pour des magazines de stars. Les plus belles québécoises avaient défilé devant ses caméras : mannequins, vedettes de la chanson, comédiennes... mais des cheveux en rafale comme ceux-là, il n'en avait jamais vu. Elle était consciente de son arme fatale, elle s'en servait et elle ne fut pas surprise ainsi du coup de foudre que reçut ce soir-là, en plein cœur, le photographe assigné au Festival des films du monde. Knock-out complet. Au tapis. Ils vivent ensemble depuis ce temps.

Voilà cependant que samedi matin dernier, pour briser l'ennui, casser la routine et sans lui en parler, elle se rend sans rendez-vous au salon de coiffure La Boucle d'Or. Elle n'y était évidemment pas une cliente régulière. Elle y allait deux fois par année pour «les pointes seulement». «Coupez légèrement», demanda-t-elle.

Et c'est ainsi qu'on assista à un désastre total. Avant de quitter le salon, elle se regarda une dernière fois dans le miroir et faillit éclater en sanglots. Elle rentra chez elle à reculons. Michel accusa le coup sans broncher et, la voyant désespérée, il eut cette phrase attendrissante : «L'été s'en vient, mon amour. On prédit des températures records de chaleur. Tu as bien fait, sans compter que ça te rajeunit!»

Il n'en croyait pas un seul mot. Elle non plus, mais ce petit mensonge blanc permit au photographe et à la journaliste de passer un week-end tout de même agréable sur les pentes du mont Sainte-

100

Anne à faire du ski de printemps, en espérant que les feuilles aux arbres poussent plus tôt que d'habitude.

Le doux affront

À peine deux ans après avoir terminé ses études aux HEC, Paul-André avait pignon sur rue, au Complexe Desjardins. Avec quelques collègues de sa faculté, il avait fondé le bureau de comptables Bernard, Jolicœur, Gershwin, Tremblay et associés. Les affaires marchaient rondement. Paul-André se faisait par contre toujours un point d'honneur de ne pas apporter à la maison les dossiers du bureau.

Il était follement amoureux de Céline qu'il avait connue à l'université. Céline était orthodontiste et laissait les radiographies des dents de ses patients dans les classeurs de son cabinet. C'était une consigne coulée dans le ciment entre ces deux tourtereaux hautement diplômés. Ils protégeaient leur intimité et passaient leur précieux temps de liberté à manger, à parler, à boire, à regarder la télé ou à sortir en ville. Leurs horaires chargés ne leur laissaient pas le choix: ils avaient une discipline extrêmement rigoureuse. Par exemple, ne jamais travailler les week-ends, s'offrir ensemble des vacances au soleil l'hiver et de golf l'été et, par-dessus toute chose, être de retour du travail avant 19 h.

Katia Larramée, la secrétaire de Paul-André, était brillante et efficace. Tous les bureaux de comptables de la ville de Montréal rêvaient de se l'approprier un jour. En plus d'avoir une voix à faire mourir d'envie les jeunes femmes qui annoncent les heures de départ des vols pour Amsterdam et Paris dans les aéroports internationaux, Katia Larramée était célibataire, toujours souriante et jolie. C'est ainsi qu'entre deux serrements d'appareils orthodontiques, Céline, à l'autre bout de la ville, se faisait parfois du mauvais sang juste à l'imaginer. Jalousie par contre vite apaisée, dès le retour à la maison avant 19 h : mais ce jeudi-là, pas de Paul-André.

Tout d'abord, Céline imagine et espère en fin de compte que son «chum» soit pris dans un bouchon de la circulation ou, pire encore, un barrage de police. 20 h 30. L'espoir de Céline se change en inquiétude : accident de voiture, malaise cardiaque, etc. Déjà 21 h. Un troisième scotch à l'eau. 21 h 30 : c'est la panique. 21 h 45, Paul-André arrive.

Que s'est-il vraiment passé ? À 17 h 30, comme Paul-André met son manteau, cherche ses clés d'auto dans ses poches et prend son élan pour rentrer chez lui, il reçoit un coup de téléphone de James X, un client important de Toronto de passage à Montréal. Il est sur le point de finaliser une transaction spectaculaire. Des centaines de milliers de dollars sont en jeu. Paul-André lui fixe immédiatement rendez-vous à son bureau. Katia connaît le dossier par cœur : il lui demande donc de rester. Ce n'est qu'après de longues et orageuses discussions qu'à 21 h 30, on signera les documents. Paul-André, un peu mal à l'aise de ce contretemps, remerciera sa secrétaire dévouée, lui promettra un surplus de salaire sur son prochain chèque et filera à 110 km/h sur l'autoroute Ville-Marie rejoindre son orthodontiste éplorée.

Et voilà que, connaissant la jalousie de Céline envers mademoiselle Larramée, il lui ment. En fait, il adapte la vérité. Il raconte à Céline : « Nous avons eu une réunion d'urgence des partenaires du bureau et de leurs secrétaires. Les dossiers étaient tellement brûlants, il y avait tellement de tension dans l'air que je n'ai même pas pu te téléphoner, cher amour de ma vie », lui dit-il en l'invitant à dîner au restaurant thaïlandais de son choix le lendemain soir à 19 h.

Répondez-moi franchement. Y a-t-il dans cette attitude de Paul-André quelque chose d'immoral ? Selon moi, ce petit mensonge blanc ressemble plus à de la tendresse qu'à un geste répréhensible et, qui sait, Céline, dans son tendre amour pour Paul-André, lui fera-t-elle un jour ou l'autre le même doux affront ? Sans aucun doute. Et Paul-André sera le premier à la croire et il sourira de bonheur quand elle l'invitera à dîner au restaurant italien de son choix le lendemain soir à 19 h.

La sainte famille

On a tous un beau-frère, une belle-mère. Claude et Johanne ne font pas exception à la règle. Leur vie amoureuse est au beau fixe. Il est négociateur pour la CSN et les conflits qu'il a réglés se comptent par dizaines. Conflits professionnels et, par extension, conflits familiaux.

Son beau-frère Adrien est à ses yeux un em-
merdeur classique, un rabat-joie notoire et un
pisse-vinaigre inguérissable. Pour Johanne, Adrien
est son petit frère chéri au sens de l'humour inta-
rissable, à l'esprit critique et à la générosité évi-
dente. Claude a toujours pris tous les moyens élé-
gants pour éviter de trop parler du monstre à
Johanne et pour décliner, le plus souvent possible,
les invitations de piscine et de barbecue, invo-
quant des raisons professionnelles.

Cependant, Noël, le jour de l'An, les baptêmes
et les anniversaires sont des rendez-vous inévita-
bles avec la vérité. Il s'agirait que Claude s'impatiente et déclare à Johanne : «Cette année, on
passe les fêtes en Floride, loin de la neige et
d'Adrien» pour que la guerre éclate. En bon négociateur, il maquille la réalité : «...et si on allait
passer la semaine de Noël à Tampa Bay avec les
Lemieux qui nous invitent chaque année à partager
leur condo? On reviendrait à temps pour le jour de
l'An et le souper chez ton frère avec toute la famille!» Johanne, heureuse, accepte le marché et
c'est Claude lui-même qui téléphonera à Adrien
pour le remercier de l'invitation, s'excuser de leur
absence à Noël, lui dire qu'il a hâte de le voir et
qu'il faudrait même faire de ce Premier de l'an
chez lui désormais une tradition, etc.

Si Claude a un beau-frère, Johanne a une
belle-mère. Une belle-mère qui lui reproche de ne
jamais se maquiller : «...un peu de poudre aux joues
n'a jamais fait de tort à personne.» Une belle-mère
qui lui suggère le tailleur et Opium de Saint Laurent, alors qu'elle les a toujours eus en horreur.

Johanne n'a pas les talents de négociateur de son amoureux. Cependant, elle sait qu'une maman, c'est une maman et qu'en aucun temps il ne faut, devant son fils, souhaiter qu'elle soit différente, ne serait-ce que dans son entêtement à servir les canneberges en gelée plutôt que «nature». Johanne n'en dit rien, mais félicite belle-maman au sujet de son sapin artificiel — qu'elle n'a jamais pu supporter, surtout quand on l'asperge de neige en aérosol — et mange, sans broncher, comme tous les réveillons, la dinde accompagnée de gelée d'atacas. Au début, elle avait gentiment fait remarquer qu'on dit plutôt «canneberges». Les yeux de Claude s'étaient changés en glaçons de Noël et Johanne avait compris. Compris que la mère de Claude était une chose sacrée, indélogeable, immuable dans ses manies et ses tics, et que sa photo en couleurs resterait au-dessus du foyer de sa bru pendant des siècles et des siècles.

Il faut savoir mentir quelquefois, marcher sur son orgueil, s'abstenir. Autrement, on risque de passer à côté de l'essentiel et l'essentiel pour Johanne, c'est Claude. Avec lui, elle dort, dîne à la chandelle, fait des projets de décoration et de Châteauneuf-du-Pape. La poudre aux joues, le tailleur, Opium de Saint Laurent, les «atacas» en gelée et le sapin de plastique ne feront jamais le poids à côté des rendez-vous quotidiens qu'elle et son Claude se donnent dans ce grand lit où tous les jeux sont permis, même quand ils se font entre les draps malencontreusement fleuris que leur a offert, pour leur huitième anniversaire de mariage, belle-maman elle-même!

105

L'ex et le tartare

Certaines questions sont des pièges. Attention de ne pas y tomber. Vous aurez toutes les difficultés du monde à vous en sortir. Comme un chat pris dans un filet ou un canard sauvage dans la mire du fusil d'un tireur d'élite. «Est-ce que ton ex faisait mieux le steak tartare que moi?» N'allez jamais dire oui. À l'extrême limite, mieux vaut employer l'argument de la différence ou mentir carrément en disant qu'il détestait la viande crue.

Un pieux mensonge au nom de l'harmonie.

Chapitre 11

Ne pas prendre le premier train qui passe quand on est seul

(On risque de se retrouver à Terre-Neuve
alors qu'on allait à Vancouver.)

> *Non, je ne suis jamais seul, avec ma solitude.*
>
> Georges Moustaki

Après plusieurs déboires amoureux, Céline a perdu sa belle assurance et tout la déprime. Elle a toujours vécu avec quelqu'un et, pour la première fois de sa vie, elle angoisse juste à la pensée de rentrer seule à la maison, le soir après le travail. Dîner seule ressemble à la mort. Et que dire de ses week-ends? Elle voit venir les vendredis avec horreur. Quand on préfère les jours de travail aux journées de congé et qu'on anticipe les vacances avec anxiété, le problème est de taille.

Céline prend donc l'habitude d'aller manger dans de petits restaurants de quartier, peu coûteux; la bouffe n'a pas d'importance pourvu qu'elle ait de la compagnie. Elle qui aimait tellement les beaux vêtements doit couper dans son budget de garde-robe pour payer ses frais de restos.

Elle adopte un bistrot rue Saint-Denis et devient une habituée de la place ; elle a même une ardoise. Il y a toujours une table de «réguliers» avec qui on peut manger, ou un barman sympa qui nous appelle par notre nom et avec qui on peut parler devant d'interminables cappucinos. À la fin d'une soirée, il lui arrive d'inviter chez elle d'illustres inconnus. La perspective de rentrer seule dans son appartement lui fait faire des imprudences, pire, des bêtises. Inutile de dire que ces rencontres fortuites ne durent jamais longtemps. Céline n'est plus la même. Elle autrefois si capricieuse et sélective, voilà qu'elle n'a plus d'exigences. Plutôt que d'être seule, elle préfère se retrouver avec quelqu'un qui ne lui convient pas. Tout, sauf la solitude.

Céline aurait intérêt à se prendre en main. Elle comble la solitude par des illusions et des échappatoires. Au lieu d'essayer d'être en harmonie avec elle-même et d'en profiter pour se retrouver, elle met ses énergies au mauvais endroit et néglige son problème fondamental.

*   *   *

Didier, un beau grand Français de Bordeaux, ingénieur en électricité, habite le Québec depuis 10 ans. Lors d'un stage à Hydro-Québec, il s'est entiché de Montréal et a décidé de prolonger son séjour d'un an. Advint l'inévitable et Didier tomba éperdument amoureux de Nadine, une jolie Québécoise qu'il côtoyait dans son milieu de travail. Il n'est plus jamais reparti! Les amoureux se marient et, peu de temps après, Nadine attend un bébé. La grossesse s'annonce difficile. Elle choisit de quitter son emploi, d'en profiter pour décorer sa nouvelle maison et de se faire plaisir en gâtant son mari. Le futur papa est ravi, voire comblé.

Nul ne sait ce que l'avenir lui réserve. Le bonheur est de courte durée. Nadine fait une grossesse ectopique qui sera fatale à la mère et à son enfant.

Didier traverse des mois pénibles de dépression. Petit à petit, il se remet de son grand chagrin. La vie continue et, malgré toute sa bonne volonté et tous ses efforts, il est totalement perdu dans la maison. Toutes ses habitudes sont chambardées et il réalise à quel point il avait été gâté. Nadine s'occupait de tout, il ne manquait jamais de rien, elle le traitait comme un petit roi. Lui qui avait toujours cru que la maison avait huit pièces, il s'aperçoit qu'il y en a une neuvième, la cuisine. Il est complètement désemparé. Il arrive à peine à se faire bouillir de l'eau, accepte toutes les invitations à dîner de ses amis, ou alors se retrouve au restaurant.

Pour se changer les idées et parce qu'il faut bien survivre, il recommence à sortir sans grand enthousiasme. Didier n'est pas un coureur. Il n'a jamais été attiré par les boîtes de nuit ou les discothèques, il s'y ennuie à mourir. Il était tellement bien à la maison.

Quelques mois plus tard, Didier fait la connaissance d'une jeune fille très gentille. Les copains téléphonent à la maison et tombent sur une voix féminine. Ils n'en reviennent pas. Didier n'habite plus seul. Ils sont heureux pour lui, il semble refaire sa vie. Malheureusement, ils n'ont pas le temps de s'habituer à la nouvelle compagne et quelques semaines plus tard, lorsqu'ils téléphonent de nouveau, une nouvelle voix répond.

Les compagnes de Didier se suivent et ne se ressemblent pas. Il n'arrive pas à trouver le bonheur avec une nouvelle femme mais, d'un autre côté, il ne peut vivre seul. Ses amis constatent qu'il est sur la mauvaise voie et qu'en toute amitié, il est temps de l'inviter à nouveau à dîner pour lui parler.

En fait, Didier cherche à combler un grand vide. Il a besoin qu'on s'occupe de lui, qu'on lui prépare des petits plats, qu'on organise sa maison. Il ne se demande pas si ses compagnes lui conviennent. De toute évidence, elles ne lui conviennent pas et, en plus, en changeant régulièrement de partenaire, il leur fait de la peine.

Il serait temps que Didier réalise que s'il ne peut se débrouiller seul, il existe toutes sortes de services de traiteurs, d'aides-ménagères et d'agences spécialisées que l'on peut engager pour se faciliter la vie. Une fois bien organisé, il pourra alors prendre tout son temps pour choisir la femme qui partagera sa vie pour les bonnes raisons.

*   *   *

Il est certain que pour ceux qui ne sont pas faits pour le célibat, la vie est plus agréable à deux. Cependant, quand on doit faire seul un bout de chemin, pourquoi ne pas profiter de l'occasion pour apprendre à bien vivre avec soi-même? Les personnes qui font de bons partenaires dans un couple sont souvent celles qui ne craignent pas la solitude. Elles sont en couple par choix et non par désarroi. À l'intérieur d'une vie à deux, il faut laisser de la place, de l'espace à l'autre. Les gens qui ont peur de se retrouver seuls, ne serait-ce qu'un soir, étouffent souvent leur conjoint, envahissent leur espace vital et ne savent pas respecter l'intimité de l'autre.

Pour être bien à deux, il faut d'abord être bien avec soi-même.

Baudelaire disait qu'une personne qui se plaignait de s'ennuyer avouait du même coup être pour elle-même une bien triste compagnie...

Chapitre **12**

Et le sexe, bordel !

Fermer les maisons closes, c'est plus qu'un crime, c'est un pléonasme.

Arletty

Peut-être la prochaine fois

Nous étions au plus torride de la canicule et, ce soir là, à «Parce qu'à deux, c'est mieux», Julie me téléphone. Je la sens hésitante, timide. Elle cherche ses mots pour finir par m'apprendre qu'elle est commis au comptoir des parfums d'un grand magasin du centre-ville. Elle entretient encore, à 32 ans, des rêves d'adolescente. Catherine Deneuve est son idéal physique et moral de femme ; elle a aussi la hantise d'oublier son cache-cernes à la veille de chacun de ses voyages, etc. Je lis rapidement entre les lignes : pour le sexe, vous repasserez.

Les contraires s'attirent, c'est bien connu. Toujours est-il que ce soir-là, Jean-Claude, à l'appétit sexuel aussi démesuré que son goût pour le sport à la télé, fait du temps supplémentaire chez Volvo où il travaille comme mécanicien. Pour le plaisir, la danse, les restos et pour que son corps respire, il fréquente une dizaine de femmes différentes et aucune d'elles, se plaît-il à raconter tout haut, n'a jusqu'ici réussi à le satisfaire pleinement. Il entend «Julie-Porcelaine» se confier sur les ondes et la chose l'intéresse. Il la rejoint, lui donne rendez-vous.

On voit d'ici le portrait : huile à moteur 10W30 de Pétro-Canada versus Ô de Lancôme.

Le premier tête-à-tête fut un désastre complet pour Jean-Claude qui la voyait dans son lit le soir même. «On se connaît à peine, peut-être la prochaine fois», répliqua-t-elle. Et c'est ainsi que le macho du plateau Mont-Royal rentra chez lui bredouille, mais non sans avoir loué à son vidéoclub *Nymphettes en chaleur* qu'il regarda jusqu'à épuisement total :

...il faut bien que le corps exulte.

Jacques Brel, *Les Vieux Amants*

Elle, de son côté, regagna son appartement de la rue Querbes, prit un bain chaud au parfum des fleurs de la passion et s'endormit en se disant qu'elle avait passé une agréable soirée et qu'il rappellerait sans doute.

C'est ce qu'il fit le lendemain soir.

Le condom

À Montréal, Panos a été le premier restaurant grec à instaurer la politique du sac brun : prière d'apporter votre vin. Jean-Claude passa se procurer une bouteille de vin blanc, «Château-Dépanneur», élaboré au Canada, offrit le souper à Julie et alla la reconduire chez elle.

Il trouva l'appartement charmant, la félicita sur la hauteur des plafonds, mais ne pensait pendant tout ce temps qu'à la déshabiller, l'étendre sur le divan et la baiser comme un athlète suédois.

Comme Julie allait succomber à ses avances, elle lui suggéra le condom. «C'est un truc pour homosexuels qui ont peur du sida», fit-il et plus Julie insistait, plus Jean-Claude perdait sa virilité jusqu'au rétrécissement dramatique du membre fragile, semblable à un nageur qui sort d'une eau trop froide. Pour le calmer, le réconcilier avec la vie, Julie mit du Chopin sur son lecteur laser. La musique adoucit les mœurs, mais ne redonne que très rarement au macho humilié son érection perdue.

Il était trois heures du matin. Jean-Claude se rhabilla et marcha jusqu'à chez lui, essayant, en vain, de calmer la bête sauvage en lui. Il faut dire que, régulièrement, Jean-Claude avec Françoise, Johanne, Andréanne ou Catherine, en l'espace d'une seule nuit, accumulait les orgasmes à un rythme effarant et à une vitesse — malheureusement pour la partenaire — vertigineuse. On l'appelait comme on commande son épicerie et toujours Jean-Claude livrait la marchandise.

Julie venait de bousculer sa routine. Allait-il abandonner le combat, s'avouer vaincu, rouvrir son carnet d'adresses et passer à une autre proie plus facile?

Julie était froide, tuait à coup d'aérosol les huiles naturelles de son corps, refusait toute relation sexuelle lors de ses règles. Enfin, Julie était un défi de taille.

Au lieu d'anéantir les ardeurs de Jean-Claude, cette statue d'hygiène et de plâtre le stimulait. Pendant sept jours et sept nuits, il vécut comme un moine de l'abbaye de Saint-Benoit. Adieu masturbation, films cochons, harem et fantasmes, comme s'il avait voulu, pour le grand soir, garder son corps intact, pour ne pas dire vierge.

Le test du sida

Ce grand soir, cependant, était encore plus éloigné qu'il ne le pensait. Le plus douloureux dans cette histoire était que Julie voulait bien lui ouvrir toutes grandes les portes de son jardin; mais il y avait toujours ce sacré rabat-joie de condom qui, après quatre autres tentatives, continuait de faire ses ravages. Jean-Claude avait un passé de pigiste du sexe assez bien rempli merci et avait fait l'erreur de s'en confier à Julie qui, elle, de son côté, avait réussi depuis sa post-adolescence à éviter toute espèce de MTS (de l'herpès à la blennorragie), de même que les milliers de bestioles qui courent entre les rues Crescent et Saint-Denis.

Jean-Claude devait être très amoureux: pour pouvoir enfin faire l'amour sans condom, ce mur insurmontable entre Julie et lui, il accepta d'aller passer le test du sida. Il garda ses lunettes de soleil dans la salle d'attente, faillit au moins trois fois prendre ses jambes à son cou, téléphoner à Claire, Marie ou Estelle, retourner à son ancienne vie. Claire était nymphomane et le vidait chaque fois de tout son sperme. Marie avait un penchant sadomasochiste et aimait bien qu'il lui attache les mains à la tête du lit. Enfin, Estelle lui soufflait à l'oreille juste avant l'orgasme les pires cochonneries... Et tout ça, sans condom.

— Monsieur Jean-Claude X, à la porte 4B, s'il vous plaît.

Les résultats de ce test ne devant lui parvenir que deux semaines plus tard, Jean-Claude n'eut d'autre solution que de tuer péniblement le temps avec Julie: visite au Musée d'art contemporain, re-Panos, Galeries d'Anjou et Cirque du Soleil. Autant de sorties qui se terminaient, au grand bonheur de Julie et au grand désespoir de Jean-Claude, par d'interminables séances de «necking» comme au temps du secondaire et de l'acné.

Deux semaines plus tard, Jean-Claude ouvrit l'enveloppe de la clinique, nerveux comme un assassin devant le juge deux secondes avant le verdict du président du jury: non coupable! Le test était négatif.

Le Dom Pérignon se vendait alors 108,17 $ la bouteille. Qu'à cela ne tienne, Jean-Claude s'en procura une et courut sonner chez Julie, déjà émue par les deux orchidées que le fleuriste venait juste de lui livrer avec une carte rose qui disait: «Julie, mon amour, attends-moi, j'arrive. Ton Jean-Claude.»

La fréquence

Julie sortit sa verrerie des grandes occasions, les deux dernières ayant été le baptême de son petit neveu Alexandre et une promotion inattendue à son travail. Jean-Claude, fébrile, servit le champagne et le baiser qui suivit, si on l'avait déclaré, se retrouverait, aujourd'hui et haut la main, dans les pages du livre des records Guinness.

On devinait dans l'air un délicieux parfum érotique et la grâce de Julie n'avait d'égal que l'érection durable de Jean-Claude. Il la renversa sur le divan beige du salon. Elle se laissa prendre et ils firent l'amour comme des dieux, prenant tout le loisir et la tendresse qu'il faut pour arriver au septième ciel en même temps. Julie qui, de toute sa vie, n'avait connu d'orgasme aussi enivrant, posa ensuite sa tête sur l'épaule nue du mécanicien de Volvo et, dans son délire amoureux, faisait déjà à mots à peine couverts des projets d'avenir.

C'est alors que Jean-Claude voulut rappliquer.

— Non, mon amour, je suis fatiguée. Je dois me lever tôt demain matin.

Jean-Claude ravala sa salive, insista, mais il n'y avait rien à faire. Julie dormait déjà avec le sourire heureux des amants de Vérone.

La propreté

Le lendemain soir, et sans s'annoncer, Jean-Claude, profitant d'un temps de repos inattendu à son travail, revint chez elle. Il était neuf heures.

Julie, en peignoir, sortait de la salle de bain. Elle sentait bon la lavande et allait se préparer une tisane à la valériane pour contrer son sommeil fragile. Qui pouvait sonner à cette heure-ci? se demanda-t-elle, curieuse et inquiète à la fois.

— C'est moi, cria Jean-Claude, derrière la porte.

Il était en bleu de travail, de l'huile noire sous les ongles et le visage gris d'essence et de poussière. Julie lui ouvrit. Il s'avança et voulut l'embrasser.

— Retire tout d'abord tes bottes, lui lança-t-elle, tu vas salir mon tapis d'entrée.

Obéissant, Jean-Claude s'exécuta en pensant: «Cette femme est en train de me rendre fou.»

— Ne me touche pas avant d'avoir pris une douche. Le savon est dans l'armoire de la salle de bain.

Ce rendez-vous fortuit tourna évidemment au vinaigre. Jean-Claude avait trop peu de temps à y consacrer. Il regagna son travail, en retard d'ailleurs, se fit engueuler par son patron tout en étant convaincu que la vie avec Johanne, Jacqueline, Hélène et toutes les autres était tellement plus facile. Plus facile, mais combien moins passionnante.

Le stade a un toit et l'amour, un prix. Sauf que le sexe, c'est le sexe, et que rien ni personne au monde ne peut l'apaiser s'il ne s'exprime pas... Enfin, Jean-Claude délirait et n'était déjà plus le mécanicien haut de gamme que les patrons de

Volvo payaient à fort prix et que les femmes auto-
mobilistes solitaires, en panne de cœur ou de cour-
roie, s'arrachaient.

Épilogue

Julie était assise devant moi, à mon agence de
rencontre, visiblement mille fois plus détendue
qu'elle ne l'avait été quelques mois auparavant sur
les ondes radiophoniques. Elle venait de me raconter tout de ses amours avec Jean-Claude. Récit
tendre et passionné d'une femme amoureuse à qui
Jean-Claude, dans sa tourmente, semblait rendre
la pareille.

Mon rôle à «Parce qu'à deux, c'est mieux» est
uniquement de faire se rencontrer des gens, les
faire «tilter» ensemble. Il m'arrive parfois, quand
on me le demande, de leur donner mon avis, mon
sentiment.

J'étais, en effet, bel et bien d'accord avec Julie
sur son refus de la première rencontre, le port du
condom (les Américains disent *Love Glove*) par la
suite et, finalement, le test du sida. Quant à la
fréquence des relations sexuelles...

— Le sexe, lui dis-je, est un jardin naturel. Plus
on l'entretient, plus il grandit... et on peut s'y
promener à toute heure du jour et pas seulement le soir, avant de s'endormir.

C'est alors que Julie m'apprend que pendant
le week-end dernier, elle avait quand même fait
l'amour à deux reprises: une fois avant d'aller
dormir évidemment et l'autre, sur la banquette

arrière de la Volvo, au ciné-parc de Saint-Eustache, et qu'elle avait apprécié.

Sacré Jean-Claude!

J'avais l'air un peu fleur bleue avec ma comparaison du jardin naturel. Je me repris en demandant à Julie :

— Avez-vous enfin réussi à concilier douche vaginale et cambouis sous les ongles?

Elle se mit à rire et m'avoua avec humour qu'ils y travaillaient avec acharnement.

Quant à moi, j'en conclus pour l'instant que ces deux-là sont de toute évidence follement amoureux, même si ce n'est pas demain la veille qu'on les verra en complète liberté, dans un motel spécialisé de la Rive-Sud, en train de regarder un film porno et de faire l'amour sous les miroirs du plafond... Mais quand le cœur va, puis-je me permettre d'ajouter, tous les espoirs sont permis, surtout pour Jean-Claude et Julie.

Chapitre 13

Les valeurs

La vie n'est pas toujours facile à affronter quand on est seul, mais elle n'est pas nécessairement plus facile à deux. On cherche toujours l'être idéal, mais personne n'est parfait. Il est donc essentiel d'établir l'ordre d'importance de nos critères et de nos valeurs. C'est en quelque sorte savoir ce que l'on peut et ce que l'on ne peut pas accepter de quelqu'un. Il est important d'être conscient de nos valeurs parce que ce sont elles qui déterminent le succès de nos nouvelles rencontres. Il faut aussi être conscient que certains événements de la vie peuvent faire changer nos valeurs.

Mariette est une femme qui trouve la vulgarité difficile à accepter. Sa définition de la vulgarité peut être très différente de la vôtre. Ainsi, pour elle, aimer beaucoup la bière ou cracher dans la rue font partie des vulgarités qu'elle ne peut tolérer. Elle ne fera jamais de concessions là-dessus. Mariette n'aime pas non plus les barbes qu'elle trouve malpropres et vulgaires. Cependant, il est possible qu'elle tombe en amour avec un barbu si ce dernier répond à la majorité de ses autres attentes.

Jean-Marc adore les animaux. Il ne peut concevoir de tomber amoureux de quelqu'un qui serait allergique ou qui trouverait que les animaux sont encombrants. Certains disent que Jean-Marc exagère et que c'est une des raisons qui expliquent son célibat. Mais Jean-Marc a le droit de les aimer autant. Quoi qu'il en soit, s'il tombait amoureux d'une personne qui n'aime pas les bêtes, il y a fort à parier que ça ne marcherait pas puisqu'ils font partie de sa vie et qu'il serait difficile à quelqu'un qui ne partage pas sa passion de passer même une soirée en sa compagnie. Jean-Marc a déjà fait une exception. Les premières rencontres furent palpitantes mais, à mesure que la relation évoluait, il sentait que cela se gâterait tôt ou tard, car il finirait par lui reprocher de ne pas vouloir faire d'équitation ou pire, de ne pas vouloir de chien à la maison.

Julie et Étienne étaient ensemble depuis plusieurs années. Julie adorait les enfants et en voulait à tout prix. Étienne, étant déjà papa, n'en voulait plus. Il est certain que Julie a tout essayé pour le faire changer d'idée, mais ce dernier tenait fermement à ses convictions et il n'était pas question qu'il cède. Julie a donc laissé Étienne parce qu'elle ne pouvait faire de concession à ce sujet. (Note : Aujourd'hui, ils sont à nouveau ensemble. Le fils d'Étienne étant parti, celui-ci a réalisé qu'un enfant pouvait lui manquer. Julie est devenue enceinte et ils ont eu une petite fille.)

Judith était ce qu'on appelle une *workaholic*. Toute sa vie reposait sur la réussite professionnelle et financière et, croyez-moi, elle y mettait toute son énergie. Judith s'est donc retrouvée seule à 40 ans, mais avec une carrière qui dépassait largement ses aspirations. Jamais elle n'aurait accepté qu'un homme lui demande d'avoir des enfants ou de consacrer tout son temps à sa vie de couple, etc. Après plusieurs années, elle a donc rencontré un homme qui avait lui aussi des valeurs professionnelles aussi élevées que les siennes. John est un maniaque du golf et, pour sa part, il lui était impossible de faire des concessions à ce sujet. Ainsi, Judith s'est mise au golf afin de partager les activités de son conjoint. Leurs valeurs familiales n'ont donc pas été les enfants, mais bien les activités de couple.

Mario est un homme dynamique qui réussit bien dans la vie. Sa grande peur est que les femmes l'aiment pour son portefeuille. Il en est donc venu à la conclusion qu'il y avait deux types de femmes que son argent n'intéressait pas: la femme de carrière, indépendante financièrement, qui gagne autant que lui, sinon plus, et l'autre, une fille simple, pas matérialiste pour deux sous, qui a horreur des mondanités associées à la réussite financière. Le problème est que Mario ne veut pas d'une femme indépendante qui pourrait largement se passer de lui pour vivre. Il aime les femmes qui s'intéressent à sa carrière et à sa réussite professionnelle. D'un autre côté, il ne veut pas non plus d'une femme qui lui répéterait sans cesse que l'argent ne fait pas le bonheur et qui n'aurait aucun souci de son apparence physique et de sa garde-robe. Il souhaite trouver une épouse qui désire des enfants autant que lui et dont la priorité serait davantage les valeurs familiales que professionnelles. Mario se dit qu'une telle femme doit exister quelque part.

Puisque l'on parle des valeurs financières, voici Christina. Christina n'est pas une beauté, mais elle n'est pas vilaine non plus. Elle est enseignante au primaire et a beaucoup de succès dans son travail. Elle adore les enfants et désire en avoir au moins deux. Mais au fond d'elle-même, elle doit bien s'avouer que ce qu'elle aimerait avant tout, c'est quelqu'un qui lui garantirait une sécurité financière et qui apporterait un peu de richesse et de luxe dans sa vie. Pas facile à avouer, mais Christina aime l'argent. Elle n'est pas prête à tout concéder pour cela, mais elle mettrait ses valeurs financières en haut de l'échelle de ses priorités.

Quel paradoxe! Voici Christina qui aime les hommes bien nantis et qui désire jouer un rôle de mère, et Mario qui remplit parfaitement le rôle mais qui déteste l'idée que les femmes l'aiment pour son argent.

C'est compliqué, non?

Vous connaissez sûrement des gens dans votre entourage qui ont trouvé la personne répondant à toutes leurs aspirations. Mais quelles étaient les probabilités qu'ils se rencontrent?

Voici un simple exercice de statistiques:

> Pierre cherche une belle femme, du genre mannequin. Les femmes aussi choyées sur le plan physique dans notre société représentent environ 10% des femmes (et c'est un pourcentage généreux).

Cette femme doit accepter la carrière de Pierre qui est sa valeur la plus importante. Disons que 2 % de ces femmes n'accepteront pas de «passer» après la carrière de leur conjoint. Et là, je ne suis pas généreuse du tout. Ceci nous amène donc à 8 %.

Elle doit aimer les enfants et avoir comme premier intérêt le succès de la vie de couple. De ces femmes, retranchons 1 %. Ce qui nous amène à 7 % de la population générale.

Elle doit être intelligente et avoir terminé des études universitaires, mais ne pas tenir mordicus à sa propre carrière. Retranchons un autre 3 %, nous voici donc à 4 %.

Si nous arrêtons ici notre liste de valeurs prioritaires, ceci suppose que, sur 100 rencontres, Pierre a le choix entre 4 femmes. Il ne doit donc pas se décourager et peut-être rencontrera-t-il une de celles-ci à la deuxième rencontre. Bonne chance, Pierre.

Le respect de soi est peut-être la façon de réussir dans nos recherches. Se montrer dès le début tel que l'on est. Tout le monde y gagne. Personne ne perd ses illusions puisqu'elles ne sont que le reflet d'une réalité. Quelle est cette réalité? Nulle autre que TOI.

Il faut aussi accepter que l'on change, que l'on évolue avec ou sans l'autre. Ce que l'on acceptait au début peut aujourd'hui prendre une toute autre direction. Notre conjoint peut ne plus répondre à nos valeurs parce qu'il n'a pas évolué dans le même sens que nous.

Qui peut évaluer qu'une valeur est meilleure qu'une autre? Qui, sauf nous-même, peut décider qu'une valeur est maintenant moins importante ou plus importante? Pour toutes ces raisons, il est essentiel de bien identifier les valeurs auxquelles on tient. Que l'on soit célibataire ou en couple, il ne faut pas avoir peur de les remettre en question et de les changer si elles ne répondent plus à nos besoins. Ainsi, si j'étais une femme comblée par ma carrière, il se peut que mes valeurs familiales prennent le dessus parce que j'ai maintenant le goût d'avoir des enfants. Je pourrais alors peut-être décider de travailler trois jours par semaine pour passer davantage de temps avec eux.

Afin de vous faire découvrir l'échelle des valeurs dans votre vie, je vous suggère de remplir le questionnaire suivant. Gardez toujours à l'esprit que vous pouvez demain rencontrer quelqu'un qui chambardera vos priorités, ou encore quelque chose peut arriver qui vous fera tout remettre en question.

Quelles sont vos valeurs familiales? (Importance accordée aux enfants, à la place du couple dans votre quotidien, à votre parenté, à votre belle-famille, etc.)

_____

_____

_____

_____

_____

Lesquelles de ces valeurs seriez-vous prêt à concéder pour une autre personne ?

_____

_____

_____

_____

_____

Quelles sont vos valeurs sociales ? (Importance accordée à vos relations d'amitié, à vos sorties, aux amis de votre conjoint, aux sorties entre gars ou filles, aux sorties entre couples, etc.)

_____

_____

_____

_____

_____

Lesquelles de ces valeurs seriez-vous prêt à concéder pour une autre personne ?

_____

_____

_____

_____

_____

*Quelles sont vos valeurs professionnelles et financières?
(Importance accordée à votre profession, définition donnée
à la réussite, aux buts, etc.)*

_____

_____

_____

_____

_____

*Lesquelles de ces valeurs seriez-vous prêt à concéder pour
une autre personne?*

_____

_____

_____

_____

_____

*Quelles sont vos valeurs spirituelles? (Importance accordée
à la religion, aux croyances face aux sectes, etc.)*

_____

_____

_____

_____

_____

Lesquelles de ces valeurs seriez-vous prêt à concéder pour une autre personne ?

_____

_____

_____

_____

_____

Quelles sont vos valeurs sexuelles ? (Importance accordée aux relations sexuelles, à leur fréquence, aux préliminaires, aux caresses, etc.)

_____

_____

_____

_____

_____

Lesquelles de ces valeurs seriez-vous prêt à concéder pour une autre personne ?

_____

_____

_____

_____

_____

Mettez le chiffre 1 devant la valeur la plus importante à vos yeux, le chiffre 2 devant celle qui viendrait en deuxième rang, et ainsi de suite. Cet exercice peut être fait seul ou avec votre conjoint. Ceci permettra d'évaluer où sont rendues vos propres valeurs ou celles de votre couple.

Croyez-vous qu'il soit possible de trouver quelqu'un qui réponde à toutes ces valeurs? Pourquoi pas? Mais si vous ne trouvez pas, soyez positif, vous aurez au moins appris à vous connaître un peu plus.

Chapitre 14

Les petites annonces

(Fumeur ou non-fumeur?)

Il y a bien des hommes, dit la Belle, qui sont plus monstres que vous, et je vous préfère malgré votre apparence.

La Belle et la Bête

Il vous est peut-être déjà arrivé de croiser quelqu'un dans la rue, dans un magasin, au restaurant, d'avoir eu envie de lui parler, mais vous n'aviez ni le front ni le courage de le faire. Au supermarché, vous pouvez toujours essayer d'attirer son attention en faisant dégringoler les oranges et en vous imaginant qu'il vous aide à les ramasser, son épaule frôlant la vôtre, mais vous risquez surtout de voir arriver le préposé aux fruits vous fusillant du regard, alors que votre beau est déjà parti retrouver sa fiancée dans l'allée des viandes dès la première orange tombée.

La première approche est toujours la plus difficile. Certaines personnes sont même intimidées de demander un renseignement dans les endroits publics. Les gens sont de moins en moins accessibles. Pour rencontrer quelqu'un, il faut sortir mais vous en avez marre des bars et des discothèques où on ne s'entend pas parler. De plus, vous détestez arriver seul dans un lieu public et vos sorties en sont limitées.

Les petites annonces ont l'avantage d'éviter les entrées en matière. Ceux qui y participent sont là pour les mêmes raisons que vous et vous savez tout de suite qu'ils sont disponibles.

La façon dont l'annonce est formulée peut vous faire découvrir bien vite à qui vous avez affaire :

— un humoriste ;

— un imaginatif ;

— un sexuel ;

— un érotique ;

— un pervers ;

— un matérialiste ;

— un sentimental-romantique ;

— un sportif ;

— un gourmand ;

— un macho.

Si le message est court, il est quand même précis et si vous savez lire entre les lignes, vous y découvrirez beaucoup plus que la description du texte. Les petites annonces sont aussi variées qu'imaginatives.

Les romantiques

Poète aux grandes mains douces cherche quarantaine subtile pour petits aller-retour au ciel. (*Voir*)

Nounours désirant vous câliner, vous bercer, vous lire des contes avant de vous border dans votre lit tendrement. (*Voir*)

Quelque part, bel homme fin vingtaine, cherche belle femme pour rajeunir ensemble avant que le temps les rattrape. (*Voir*)

Les drôles

Jeune vampire, claustrophobe, assoiffé de lecture, ciné de répertoire, cherche copine pleine de bon sang. (*Voir*)

Français, pas trop maudit, 28 ans, 1 mètre 85, 74 kilos, Verseau, calme, curieux, aimant voir bouger la vie, cherche amie pour affronter l'hiver canadien. (*Voir*)

Belle grosse comtesse, 46 ans, cherche chevalier servant. (*Voir*)

BCBG cherche BMBM (beau cul, belle gueule cherche beau mâle, bien membré). (*Hebdo*)

Jeune fille, 33 ans, pas pressée mais fatiguée d'attendre, cherche jeune homme trentaine, pas stressé mais fatigué de le prétendre. (*Voir*)

Grand garçon, 28 ans, pourtant intelligent, en panne de clichés, cherche idées de petites annonces pour séduire femme de sa vie. Aidez-moi. (*Voir*)

Affreux, laid et franchement moche, jeune homme, 25 ans, assez malpropre et surtout menteur, cherche belle jeune fille curieuse et ayant un bain. (*Voir*)

Matou grisonnant, tatoué, opéré, portée 1950, un chaton de 13 ans à temps partiel, recherche une belle chatte mince, portée 1948-1955. But sérieux. (*Journal de Montréal*)

Les matérialistes

Belle fille, 32 ans, 5 pieds 11 pouces, mince, séduisante, recherche amoureux tendre et à l'aise pour me gâter. (*Voir*)

Jeune homme, 23 ans, recherche super *sugar mommy* entre 40 et 55 ans. (*Journal de Montréal*)

Vingt-sept ans, propre, sérieux, cherche femme 40-50 ans, généreuse de son corps, de son temps et de son argent. (*Journal de Montréal*)

Deux pétillantes Parisiennes, intelligentes, professeures, 73 ans à nous deux, cherchent homologues distingués avec voitures et argent. (*Voir*)

Les sportives

Coureur cherche coureuse pour exercices, 4 fois par semaine. J'ai été professeur de gymnastique. (*Voir*)

Mark Spitz, 23 ans, recherche jeunes filles, 20-25 ans, pour leur donner des cours de natation. (*Hebdo*)

Sportive, 30 ans, court 10 kilomètres chaque matin et cherche baskets de course contenant sportif de 35 ans aux yeux bleus. (*Hebdo*)

Modèle 1948 cherche Classique 1953 à 1958 pour course passionnée sur le chemin de la vie. Bon moteur requis. (*Journal de Montréal*)

J'aime le tennis, la bicyclette, le patin à roues alignées, le golf, la natation et le ski, mais ce que j'aime par-dessus tout, c'est une belle nuit d'amour. Grassettes s'abstenir. (*Hebdo*)

Les érotiques

Gros gourmand cherche petite gourmande pour concocter mignardises au four ou au lit. (*Hebdo*)

Jeune femme sensuelle et gourmande aimant le miel et les confitures recherche beau jeune homme à la peau tendre. (*Hebdo*)

Les perverses

Homme d'affaires, 60 ans, pleine forme, belle apparence cherche fille ou femme mariée de 18 à 32 ans, bien proportionnée pour relation enrichissante. Étudiantes bienvenues. (*Voir*)

Homme dans la quarantaine, belle apparence, marginal, financièrement à l'aise, cherche très jeune étudiante intelligente, mince et jolie. (*Voir*)

À vous de choisir!

Un jour, vous décidez d'écrire une petite annonce. Vous en rédigez une, deux, trois et quand vous vous relisez, vous n'êtes jamais satisfait. Vous retournez vous inspirer de celles des autres dans la rubrique. Vous savez ce que vous voulez écrire, mais le résultat ne vous plaît pas et vous remettez l'envoi à plus tard, faute de ne pouvoir composer quelque chose à votre goût.

Comment rédiger une petite annonce? Le but principal est de faire ressortir les points saillants de votre personnalité et de vos intérêts, sans oublier que les descriptions trop longues et monotones risquent d'ennuyer le lecteur. Est-ce bien important la couleur des cheveux, des yeux, etc.? Vous voulez rencontrer une brune aux yeux noirs et vous craquez devant une rousse aux yeux verts. Vous parlez toujours d'un grand 6 pieds et vous fondez dans les bras d'un 5 pieds 9 pouces. Rien n'est plus imprévisible que l'attrait physique. L'attrait physique est bien plus une chimie au moment où deux personnes se rencontrent que la réponse à une «commande» bien précise. Vous désirez rencontrer quelqu'un de compatible qui partage vos goûts et vous vous limitez à des spécifications trop rigides.

Supposons que vous aimez rire et que c'est très important pour vous dans une relation. Par un message amusant et spirituel, vous captez tout de suite l'attention de ceux qui ont le sens de l'humour. Les gens comiques sont aussi fantaisistes et intelligents et on en apprend bien plus en lisant entre les lignes que par le texte lui-même. Prenons, par exemple, la dernière annonce des «sportives»: X écrit qu'il aime la voile, le golf, le tennis, etc. X est indéniablement un sportif. Il ne mentionne pas son âge, mais il est sûrement en bonne forme physique puisqu'il fait du patin à roues alignées. Il a les moyens de pratiquer tous ces sports; donc il travaille et gagne bien sa vie. Quant à la belle nuit d'amour, on peut en déduire qu'il est romantique et qu'il aime le sexe. Il recherche une femme mince et en forme comme lui (grassettes s'abstenir). Est-il bien important de savoir si X a les yeux bleus ou bruns?

Tout compte fait, ce n'est pas aussi difficile que l'on pense de rédiger une petite annonce et certainement moins embarrassant que les oranges du supermarché!

Chapitre 15

Les cocasseries

On ne prête jamais à rire quand on commence par rire de soi.

Sénèque

— Pour toutes celles qui sont intéressées à rejoindre le beau Michel, son numéro de boîte vocale est le 0008.

Je passe à un autre appel. Lise me téléphone de Saint-Lambert.

— Bonsoir, Lise. Est-ce la première fois que tu participes à l'émission?

— Oui.

— Depuis combien de temps es-tu célibataire?

— Depuis exactement deux minutes, grâce à toi et je t'en remercie.

Je suis sidérée. En général, quand une personne me remercie, c'est plutôt parce que, grâce à moi, elle n'est plus célibataire.

— Ma copine vient de me téléphoner pour me dire d'écouter ton émission. Elle a reconnu le beau Michel. J'ai eu tout juste le temps d'entendre la fin de la conversation. Je l'ai reconnu aussi. C'est mon fiancé. Danièle, à partir de ce soir je suis libre. Je suis belle, intelligente, je mesure 5 pieds 8 pouces et je suis à la recherche d'un gars franc et honnête. Mon t... de c..., je vous le laisse.

Je pense que la boîte vocale 0008 ne sera pas très populaire ce soir.

* * *

— Bonjour Danièle. Je voudrais donner un petit conseil à tous les hommes à l'écoute. Messieurs, si vous ne remplissez pas les conditions, abstenez-vous de téléphoner. Quand je t'ai parlé en ondes, la semaine dernière, j'ai précisé que ce qui était important pour moi, c'étaient de belles dents et un beau sourire. J'ai reçu de nombreux appels et j'ai pris rendez-vous avec un gars très sympathique. Déçue? Le mot est faible. Quand il m'a souri, ses dents n'avaient aucune chance de me déplaire. Il n'en avait pas une seule. En fait, il avait plus de poils dans les oreilles que de dents dans la bouche.

Les dents: ne partez pas sans elles!

* * *

Nous sommes à la mi-octobre. Il commence à faire froid. Gérard, 57 ans, me téléphone. Il recherche une femme dans la cinquantaine. Je lui demande quelles sont ses activités. Gérard me répond qu'il est sportif et qu'il aime le grand air. Ce qu'il préfère par-dessus tout, c'est se promener sur son scooter. Faute de pouvoir s'offrir une moto plus puissante, il s'est quand même acheté un blouson de cuir avec le logo Harley Davidson dans le dos. Il m'amuse beaucoup par ses propos, c'est un original.

— Gérard, vous servez-vous de votre scooter pour vous promener en ville ?

— Évidemment, c'est mon moyen de transport. Je n'ai pas de voiture.

Mesdames de 50 ans et plus, si vous êtes intéressées à faire du scooter en novembre, tenez bien vos tuques, Gérard, c'est votre homme !

* * *

Monsieur X, 65 ans, et Madame Y, 61 ans, se sont rencontrés par le biais de «Parce qu'à deux, c'est mieux». Madame Y est séparée depuis quelques mois à peine. Ils sont sortis ensemble quelques fois et un beau samedi après-midi, madame invite monsieur à la maison. Ils sirotent un petit verre de sherry tout en discutant agréablement de choses et d'autres. Tout à coup, bruit de voiture dans l'allée du garage. Madame Y n'attend personne. Curieuse, elle s'approche de la fenêtre et reconnaît la voiture. «Ciel, mon ex-mari!» Affolée, ne sachant pas ce qu'il vient faire chez elle, elle cache monsieur X dans la salle de bain. L'ex est d'une humeur massacrante, il vient régler les derniers détails financiers du divorce. Madame Y ne trouve pas l'occasion propice aux présentations. L'entretien dure deux heures, pendant lesquelles monsieur X, osant à peine respirer, prie le ciel que la nature ne fasse pas des siennes et que l'ex n'ait pas à se servir du petit coin.

— Quand je pense que j'avais réussi à éviter ce genre de situation pendant 63 ans... La vie est belle.

* * *

Mes auditrices et mes auditeurs assidus se souviennent sûrement de l'histoire de Jeannine qui m'a téléphoné en ondes, un soir, pour me raconter sa mésaventure.

Jeannine avait accepté un rendez-vous avec un homme qui, au téléphone, semblait très bien. Il l'invite à dîner et choisit un restaurant qui lui a été fortement recommandé. La soirée commence bien, il est gentil, galant et c'est un homme de belle apparence. Ils prennent l'apéro, il insiste pour lui offrir une bonne bouteille de vin et l'invite à choisir ce qu'elle désire au menu. Le repas est délicieux et la soirée, charmante. Au café, il s'excuse, il a oublié ses cigarettes dans l'auto. Jeannine attend 5, 10, 15 minutes, il ne revient pas. Inquiète, elle se lève et se dirige vers la fenêtre pour s'assurer que la voiture est toujours garée devant le restaurant. Parti, le faux jeton! Désemparée, Jeannine se retrouve avec l'addition. C'est bien au-delà de ses moyens. Bonne joueuse, elle me dit quand même que la prochaine fois, elle sortira avec un non-fumeur !

* * *

J'organise des soirées-rencontre régulièrement. Pour faciliter les présentations, les gens portent un carton-épingle transparent avec leur prénom. Un soir, nous décidons qu'il serait amusant que les cartons portent le nom de personnalités et d'amoureux célèbres. Les cartons sont placés sur une table à l'entrée et distribués aux invités à leur arrivée. Roméo devra trouver sa Juliette, Elizabeth Taylor, son Richard Burton et Ti-Gus, sa Ti-Mousse. Tout se passe bien, les gens trouvent le jeu fort sympathique.

Arrive monsieur Z. Il est timide et un peu nerveux. Il fouille dans tous les cartons sur la table, puis nous dit :

— Je ne trouve pas mon nom !

Si monsieur Z s'attend à rencontrer tous ces gens ici, ce soir, il sera déçu.

Le même soir, mademoiselle Y se présente à la porte. Je lui tends le carton de Cindy Crawford. Elle le prend, le regarde et me dit :

— Je travaille assez fort à être moi-même, il n'est pas question que je porte le nom de quelqu'un d'autre.

Dommage, elle aurait peut-être rencontré son Richard Gere.

* * *

Paul-André, un beau veuf dans la cinquantaine, vient me voir à mon bureau. Il s'assoit devant moi et entre tout de suite dans le vif du sujet. Il veut rencontrer quelqu'un et, bien qu'il soit très à l'aise avec les femmes, il est embarrassé parce qu'il porte une moumoute. Je l'examine attentivement et suis très étonnée de constater que ça ne paraît pas du tout. Il m'explique qu'il n'y avait pas de problème avec sa femme puisque c'est elle qui lui avait suggéré de porter un toupet, mais comment se comporter dans une nouvelle relation?

Devant son désarroi, je l'encourage en lui disant que de grands séducteurs étaient chauves ou dégarnis. Yul Bryner, Sean Connery, Telly Savalas. Mais il semble tenir très fort à sa moumoute. Je n'insiste pas.

Paul-André rencontre Gisèle. Ils sortent quelques fois et voilà qu'un soir, en rentrant du cinéma, ils ont un accrochage. La voiture qui les suit leur rentre dedans. Sous l'impact, la moumoute de Paul-André est juste assez déplacée pour lui donner un air loufoque et ridicule. Gisèle subit un second choc quand elle se retourne vers lui et s'aperçoit qu'il porte un toupet. Revenue de sa stupeur, elle lui jette de petits regards furtifs et elle est prise d'un fou rire à la vue de la moumoute déplacée. Paul-André croit qu'elle rit par nervosité et il essaie de la calmer. Gisèle ne sait que faire. Elle est trop gênée pour se permettre la familiarité de le recoiffer et n'arrive pas à lui suggérer qu'il replace son toupet lui-même.

Les policiers arrivent et, après les constatations de routine, leur demandent s'ils veulent aller à l'urgence par précaution. Ils refusent, ils ne sont pas blessés et Gisèle ne peut s'empêcher de penser dans un autre fou rire que la moumoute de Paul-André ne mérite pas de points de suture.

En rentrant chez lui, Paul-André passe près de s'évanouir en apercevant son reflet dans le miroir du hall d'entrée. Humilié, il comprend le fou rire de Gisèle.

C'est un Paul-André bien changé que je vois entrer dans mon bureau la semaine suivante, le crâne complètement dégarni. Il est venu avec Gisèle et ils rient de bon cœur tous les deux en me racontant l'incident.

Dieu fit très peu de crânes parfaits, les autres, il les couvrit de cheveux.

*   *   *

Jacques travaille le soir et il a pris l'habitude d'écouter «Parce qu'à deux, c'est mieux». Il a été tenté de m'appeler à plusieurs reprises, mais il ne peut le faire pendant ses heures de travail. Un soir, il quitte le bureau plus tôt pour arriver à la maison avant la fin de l'émission et me téléphoner de chez lui.

Dehors, il fait un temps de chien. La circulation roule au ralenti et il y a des bouchons partout. Jacques écoute l'émission dans sa voiture et plus le temps avance, plus il se dit qu'il n'arrivera jamais à temps à la maison. Il s'impatiente et décide que la meilleure chose à faire est de trouver au plus vite une cabine téléphonique en souhaitant qu'elle ne soit pas occupée par Superman.

La chance lui sourit: il aperçoit une cabine libre et une place pour stationner la voiture. Il se gare en vitesse et se précipite à l'intérieur, à travers les portes battantes. Après 10 minutes d'attente, il entre enfin en ondes.

— Bonsoir, Danièle. Enfin, je vous rejoins.

Jacques se décrit avec humour et conviction et, au moment où il me dit qu'il est un grand sensuel, romantique et sentimental, j'entends comme un bruit de vague déferler dans l'appareil.

— Jacques, j'entends des vagues. Chanceux, êtes-vous en vacances au bord de la mer?

— Pas tout à fait. Je suis au coin de Saint-Denis et Ontario et je viens de me faire éclabousser par un gros camion. J'ai de la «slush» partout, dans les oreilles, dans les cheveux, dans mes lunettes; j'en ai même dans la bouche. Je suis trempé. S'il y a une petite femme en ondes intéressée à m'aider à faire mon lavage, j'apprécierais...

Je m'empresse de lui donner un numéro de boîte vocale avant qu'il s'enrhume.

CLIC.

Chapitre **16**

Les beaux témoignages

Pierrette, 46 ans, ouvre la radio juste à temps pour entendre Serge, 49 ans, qui dit en ondes: «...et ce matin, j'ai cueilli mon premier concombre.»

Pierrette, une fille de la campagne, aimant la terre et la nature, est immédiatement séduite... par le concombre de Serge. Sans hésitation, et pour la première fois de sa vie, elle participe à une émission de rencontre en laissant un message dans sa boîte vocale. Serge la rappelle presque aussitôt.

Et depuis, ils cultivent ensemble un joli jardin.

* * *

Jean-Pierre, 46 ans, passe en ondes. Lorraine, 50 ans, l'écoute à la maison et décide de lui laisser un message dans sa boîte vocale. Jean-Pierre relève ses appels et, trouvant banal le message de Lorraine, il le jette à la poubelle. Puis il retourne tous ses autres appels. Rien ne lui convient. Il se sent un peu coupable d'avoir jeté le numéro de téléphone de Lorraine et se dit qu'il serait plus convenable de la rappeler. Où donc a-t-il jeté ce foutu numéro? Il fait toutes les poubelles de la maison et finit par le retrouver. Lorraine habite à Huntingdon. Son message était peut-être banal, mais Lorraine, elle, ne l'est pas du tout. Ils se parlent pendant une heure et demie. L'appel a coûté 54 $, mais ça en valait la peine.

Ils sont ensemble depuis ce jour.

* * *

Lise est une auditrice célibataire assidue qui aimerait bien participer à l'émission, mais qui n'en a jamais eu l'audace. Le 8 mars, à l'occasion de la Journée de la femme, je fais une émission spéciale où il n'y aura que des femmes en ondes. Profitant de l'occasion, elle prend son courage à deux mains et me téléphone. Tout se passe très bien et, à la suite de son appel, Lise, la superstitieuse, reçoit 13 messages. Elle en retourne 12 et hésite à retourner le treizième puis finalement, elle se décide. C'est un appel de Gaétan, 38 ans, qui l'invite à dîner le lendemain soir. Ça tombe bien, elle aura 37 ans demain.

Lise et Gaétan ne se sont plus quittés et depuis, elle n'a plus peur des chats noirs.

* * *

Sylvie, 26 ans, ne croit pas que l'on puisse rencontrer un amoureux par le biais des médias. Elle vient de divorcer, elle a deux enfants de deux ans et cinq ans, et elle n'est pas prête à s'engager dans une nouvelle histoire de cœur. Cependant, elle est seule et elle veut bien utiliser le système pour créer un nouveau cercle d'amis.

Elle reçoit une vingtaine de messages à la suite de son téléphone. Elle n'en demandait pas tant. Vianney, 29 ans, un peu plus entreprenant, l'invite à dîner. Elle accepte mais à la dernière minute, elle panique et annule le rendez-vous. Devant le désappointement de Vianney, elle regrette, le rappelle et accepte un nouveau rendez-vous en spécifiant bien qu'elle ne recherche qu'un copain.

Le destin nous joue parfois de drôles de tours. Dès que Sylvie voit Vianney, c'est le coup de foudre.

Vianney a aussi deux enfants de deux ans et trois ans, et tout ce beau monde forme maintenant une belle famille.

* * *

Sophie, de passage à Montréal, écoute mon émission avec son père. Il est veuf et depuis qu'elle a déménagé à Victoria, elle s'inquiète beaucoup de le savoir si loin et bien seul. Elle essaie de l'encourager à sortir et à se faire de nouveaux amis, peut-être rencontrer une compagne, mais rien à faire. Sophie se sent coupable et serait certainement soulagée de le savoir en bonne compagnie. Pendant l'émission, elle essaie de le pousser à téléphoner, mais il ne veut rien entendre. «Je suis beaucoup trop timide pour faire ce genre de chose. Tu n'y penses pas, parler en ondes, j'en suis incapable.»

À contrecœur, Sophie doit rentrer à Victoria où son travail l'attend. Elle laisse son père derrière avec regret mais, dans la semaine qui suit, elle me téléphone pour me raconter son problème. Je suis touchée qu'elle s'occupe ainsi de son papa. Nous convenons donc, elle et moi, qu'elle me téléphonera de Victoria, le jeudi suivant, à 20 h 30, heure de Montréal.

Pendant la semaine, j'aiguise l'intérêt de mes auditrices en leur disant que Sophie doit téléphoner, jeudi, pour nous parler de son papa, un homme extraordinaire. Le jeudi, je préviens les téléphonistes et mon metteur en ondes de libérer les lignes pour Sophie qui téléphone de Victoria. Elle nous parle avec enthousiasme de son père et, à la suite de son appel, il reçoit 38 messages.

Robert n'a pas encore rencontré l'âme sœur, mais il s'est fait de nombreuses amies. Il a recommencé à sortir, à voyager et à s'amuser, au grand soulagement de sa fille.

Je reçois souvent des appels de femmes qui s'informent encore du papa de Sophie. J'ai eu le plaisir de le rencontrer. Sophie n'avait rien exagéré.

* * *

J'organise un party dansant pour la Saint-Valentin, le 14 février. J'ai la grande surprise de voir arriver Xavier. Il vient de Québec par autobus, accompagné de son fidèle chien berger, Toby. Xavier est non voyant.

La semaine suivante, il me téléphone pour me dire à quel point il s'est amusé. Il a dansé toute la soirée et a rencontré plein de gens sympathiques. En terminant, il me dit en riant que Toby aussi a bien aimé la fête.

* * *

Robert écoute l'émission régulièrement, parfois en compagnie de Benoit, son fils. Celui-ci essaie de convaincre son père de téléphoner, mais Robert est beaucoup trop timide pour le faire. Un soir, Pierrette entre en ondes et Robert se lève pour monter le volume. Devant son intérêt, Benoit, connaissant les réticences de son père, décide de téléphoner lui-même et de laisser un message dans la boîte vocale de Pierrette au nom de Robert. Ils se rencontrent, se fréquentent pendant plus d'un an et finalement se quittent, mais restent les meilleurs amis du monde.

Robert, satisfait de sa première expérience, rappelle lui-même, cette fois-ci, «Parce qu'à deux, c'est mieux» et il rencontre Diane, avec qui il est très heureux aujourd'hui.

De son côté, Pierrette me téléphone régulièrement, mais elle n'arrive pas à rencontrer l'âme sœur. Un soir, elle me dit: «Danièle, c'est la dernière fois que je téléphone. Je suis certaine qu'il y a quelqu'un pour moi à l'écoute.» Cette fois-là fut la bonne. Michel, nouvellement arrivé de Roberval, saute sur l'appareil pour lui laisser un message. Il n'en revient pas, la femme de sa vie l'attendait à Montréal.

Pendant ce temps, Françoise, célibataire, la meilleure amie de Pierrette, bien qu'elle voie tous ces gens se rencontrer autour d'elle, n'arrive pas à y croire pour elle-même et résiste aux pressions de son amie qui l'incite à participer à l'émission. Pierrette, toujours très heureuse avec Michel, n'en est pas moins demeurée une auditrice fidèle. Quand elle entend Paul en ondes, elle ne peut résister à la tentation de téléphoner à sa copine et lui crie : «Ouvre vite la radio et écoute Paul, je suis sûre qu'il va te plaire. C'est un gars pour toi.» Bon gré, mal gré, Françoise s'exécute et, à son corps défendant, doit bien admettre que Paul a une voix merveilleuse et qu'elle ne détesterait pas le rencontrer. Elle lui laisse donc un message dans sa boîte vocale, un peu pour se faire plaisir, mais surtout pour mettre un point final à l'insistance de sa copine.

Quelques jours passent et Paul ne retourne pas son appel. Elle est furieuse et ne manque pas de le faire savoir à Pierrette. Évidemment, elle ignore que Paul a reçu beaucoup de messages et que la moindre des choses est qu'il les retourne tous. Enfin, il téléphone... ils ne se sont pas quittés depuis.

*   *   *

Brigitte, 30 ans, se cherche un «chum» sérieusement. Elle épluche les petites annonces de tous les journaux depuis des mois, sans succès. Elle ne sait plus à quel saint se vouer. Brigitte ne fréquente pas l'église assidûment, n'est pas pratiquante mais, par le passé, elle a déjà fait deux neuvaines, une pour se trouver un travail, l'autre pour acheter une maison et, dans les deux cas, elle a été exaucée. Jamais deux sans trois. Pourquoi ne pas faire une neuvaine pour trouver l'homme de sa vie? Une prière au Sacré-Cœur, six fois par jour, pendant neuf jours. «Que le Sacré-Cœur de Jésus soit loué, adoré et glorifié à travers le monde pour les siècles. Amen.» Il suffit de se concentrer sur son vœu et de promettre de faire publier des remerciements dans les journaux pour faveur obtenue.

La neuvaine se termine le samedi 2 janvier 1993. Normalement, il devrait y avoir un développement dans la dernière journée de la neuvaine. La moitié de la journée s'écoule sans que rien arrive. En fin d'après-midi, Brigitte prend une longue marche et rentre à la maison. À 18 h, elle a presque perdu espoir quand, à 18 h 05, son père lui téléphone: «Brigitte, ouvre la radio immédiatement, il y a plein d'hommes qui passent en ondes à une émission de rencontres, "Parce qu'à deux, c'est mieux", et je suis convaincu qu'il y en a un pour toi.» Elle se précipite pour ouvrir la radio.

Pendant ce temps, Yves, un célibataire de 29 ans, est occupé à faire son ménage du samedi à la maison. Jamais il n'écoute la radio AM et, par conséquent, il ne connaît pas l'émission et n'en a même jamais entendu parler. En époussettant la radio, il accroche le bouton et passe, par inadvertance, du FM au AM. Le voilà branché sur «Parce qu'à deux, c'est mieux». Intrigué, il est pris par l'émission. Il est fasciné à un point tel qu'il décide de téléphoner.

155

Brigitte est à l'écoute et est tout de suite intéressée. Elle lui téléphone et ils prennent rendez-vous pour le lendemain, dimanche. Dès qu'ils se voient, il y a un déclic de part et d'autre. À la suite de la rencontre, Yves continue de recevoir plein d'appels, mais il répond qu'il vient de rencontrer quelqu'un et qu'il n'est plus libre. Il ne ressent pas le besoin de faire un choix : Brigitte est tout à fait à son goût.

Les semaines suivantes, Brigitte et Yves se voient presque tous les jours. Ils s'entendent plus que bien, ils sont amoureux. Depuis quelque temps, Brigitte trouve qu'elle fume trop, boit trop de café et, de plus, elle prend la pilule contraceptive. Très mauvais pour la santé. Il faut couper sur quelque chose. Elle décide que le plus facile est de de troquer la pilule pour le condom et la méthode du thermomètre.

Un soir, au milieu du mois, se fiant à la température du thermomètre, ils font l'amour et négligent le condom. Ils espèrent quand même ne pas avoir été trop téméraires. Deux semaines plus tard, Brigitte se réveille un matin et elle a ses règles. Ils auraient dû être soulagés, mais les voilà déprimés pour le reste de la journée. Lorsqu'ils se revoient, le soir, ils se rendent compte qu'ils sont tous les deux déçus et qu'inconsciemment, ils auraient bien aimé que Brigitte soit enceinte. Quand ils réalisent que le désir d'avoir un enfant est mutuel, ils reprennent la méthode du thermomètre, à l'inverse.

Mi-octobre, les règles de Brigitte retardent à peine d'une journée. Qu'à cela ne tienne, ils se précipitent à la pharmacie pour acheter un test de grossesse. Énervés, ils attendent avec anxiété de voir apparaître un + ou un — sur le carton du test. Brigitte est enceinte.

Cédric arrive le 20 juin 1994. C'est un beau bébé en santé. Un petit Gémeaux pour «Parce qu'à deux, c'est mieux». «Que le Sacré-Cœur de Jésus soit loué. Amen.»

Chapitre 17

Les 10 commandements de l'auteure

1. De ton ex, avec tout autre le premier soir, tu ne parleras négativement.

2. De tes goûts et de tes intérêts, tu discuteras ouvertement.

3. Nul n'est indispensable ou irremplaçable et tu n'en penseras autrement.

4. Ce que l'autre veut entendre, tu ne le diras que si tu le penses vraiment, sans le blesser évidemment.

5. Les premiers pas, tu les feras plutôt qu'attendre passivement.

6. Les remises en question tu ne craindras afin de vivre harmonieusement.

7. Tenir l'autre pour acquis tu éviteras chaque jour prudemment.

8. La première impression tu te rappelleras, car elle te guidera sagement.

9. Ton amoureux ne trompera si tu l'aimes sincèrement.

10. Les petits compromis tu accepteras pour faire plaisir de temps en temps.

Conclusion

L'amour est un choix délibéré. Deux per-
sonnes ne s'aiment vraiment que lors-
qu'elles sont capables de vivre l'une sans
l'autre mais choisissent de vivre ensemble.

Scott Peck

Lorsque l'on participe à une tribune téléphonique de rencontres, que l'on s'adresse à une agence professionnelle ou que l'on épluche les petites annonces, les probabilités jouent en notre faveur et on est presque assuré de rencontrer quelqu'un. Encore faut-il que cette personne nous convienne. Pour faire un choix judicieux qui aboutira à une relation durable, il faut bien se connaître soi-même et savoir exactement ce que l'on attend d'une relation. En se connaissant mieux, on risque ainsi d'éviter de toujours retomber dans les mêmes pièges.

L'attrait physique nous joue souvent de vilains tours. On craque pour de beaux yeux bleus ou pour une carrure d'athlète et on oublie les vraies

161

valeurs. L'apparence physique peut être importante, certes, mais ce sont plutôt les affinités, les goûts, les convictions qui font que parce qu'à deux, c'est mieux.

On est prêt à s'engager dans une nouvelle relation en y mettant tous les efforts et la bonne volonté du monde. On se rend disponible, on favorise les rencontres, on met toutes les chances de notre côté et, sincèrement, nos exigences sont en fonction de ce que nous avons à offrir.

Je ne vais pas, ici, m'éterniser sur les avantages, les joies et le bonheur de la vie à deux. Il faut voir le succès des agences, des petites annonces et de mon émission pour constater à quel point les gens aspirent à une vie de couple. Cependant, il vaut mieux attendre la personne qui nous convient que d'aller de relation en relation, de déceptions en désillusions. «Parce qu'à deux, c'est mieux», à condition d'avoir fait le bon choix.

Je vis ma vie. Tu vis ta vie.

Je ne suis pas venu au monde pour répondre à tes attentes, et tu n'es pas venue au monde pour répondre à mes attentes.

Tu es toi, je suis moi.

Et si par hasard nous nous rencontrions, comme ce serait bon.

Fritz Perls